KB061769

세상에
지지 않을
용기

세상에 지지 않을 **용기**

초 판 1쇄 2021년 09월 23일

지은이 이혜정
펴낸이 류종렬

펴낸곳 미다스북스
총괄실장 명상완
책임편집 이다경
책임진행 김가영, 신은서, 임종익, 박유진

등록 2001년 3월 21일 제2001-000040호
주소 서울시 마포구 양화로 133 서교타워 711호
전화 02) 322-7802~3
팩스 02) 6007-1845
블로그 http://blog.naver.com/midasbooks
전자주소 midasbooks@hanmail.net
페이스북 https://www.facebook.com/midasbooks425

ISBN 978-89-6637-962-0 03190

값 **15,000원**

미다스북스는 다음세대에게 필요한 지혜와 교양을 생각합니다.

COURAGE

not to be lost
in the world

세상에
지지 않을
용기

이혜정 지음

세상의 편견 따위는
벗어던지고
세상에 지지 않을
용기를 가져라!

처음 책을 써보지 않겠느냐는 제안이 왔을 때, 지금 하고 있는 사업이 막 성장하던 시기였다. 눈코 뜰 새 없이 바쁜 하루를 살고 있던 중 우연한 기회에 작가 권마담님과 인연이 되어 책을 쓰게 되었다.

"내가 정말 작가가 될 수 있을까?"
"내가 정말 글을 쓸 수 있을까?"

두려움 반 설레임 반으로 '에라, 모르겠다!' 하고 일단 시작해보기로 했다.

어렸을 때부터 가슴속 깊숙한 곳에 작가라는 꿈이 있었다. 하지만 아무한테도 꺼내놓지 못한 나만의 꿈이었다. 글재주가 있는 것도 아니고, 그렇다 할 만한 스토리를 가진 것도 아니었기 때문이었다. 하지만 나의 사소한 이야기들이 누군가에게 도움과 위로가 될 수 있다면 기꺼이 용기를 내보기로 했다. 지금까지는 공부 열심히 해서 좋은 대학에 가고, 좋은 직장에 취직하고, 남편 잘 만나 시집가서 잘사는 것이 인생의 성공이라고 알고 살았다. 그리고 그렇게 살기 위해 노력했다. 그런데 30대 중반이 되고 보니 세상의 기준으로 본다면 나는 실패한 인생이었다. 남들이 다 좋다는 공무원을 하고 있는데도 내 하루하루는 눈물이 멈추질 않았다. 잘 살아보고 싶은데 어디서부터 어떻게 시작해야 할지 몹시 혼란스러웠다. 그렇다고 그냥 아무한테나 시집가서 그저 그렇게 살고 싶지는 않았다. 그래서 과감하게 7급 공무원을 그만두고 네트워크 사업에 뛰어들었다.

처음에는 사방이 적이었다. 모두가 나를 걱정한다는 핑계로 '하지 말아야 될 이유'들만 얘기했다. 나는 항상 설득하고 설명해야 했다. 다수를 설득하고 이해시키는 일이 힘들었지만 평생 하기 싫은 일을 하면서 불행하게 사는 것보다는 나았다. 나는 나와 조금 더 친해져보기로 했다. 내가 무엇을 좋아하고 싫어하는지, 어떤 일을 잘할 수 있고, 어떻게 나의 가치를 높일지, 돈을 번다면 무엇을 하고 싶은지 생각하기 시작했다. 그리고 마침내 세상에 나를 온전히 던지고 직접 부딪히며 세상과 친해질 수 있었다. 많은 사람들을 만나며 직장생활을 할 때는 알지 못했던 것들을 깨닫게 되었다. 당신은 세상에 하나밖에 없는 귀한 존재이다. 당신이 생각하는 대로 될 수 있다. 하고 싶은 일을 하며 살 수 있다. 인생의 모든 선택은 스스로 하는 것이며 지금 선택이 당신의 1년 후, 3년 후, 5년 후를 만들어가는 것이다.

지금까지 이 책이 나올 수 있도록 많은 도움을 주신 〈한국책쓰기1인창업코칭협회〉 김태광 대표 코치님과 작가의 세계로 이끌어주신 〈위닝북스〉의 권동희 대표님께 감사드린다. 그리고 세상에서 가장 존경하는 우리 아빠, 엄마와 사랑스러운 라오니네 식구들, 언제나 든든한 정신적 지주가 되어주신 ㈜카리스 박우섭 대표님과 백수환 상무님께 깊은 사랑을 전한다. 그리고 내가 성장할 수 있도록 함께 뛰어준 우리 팀원들에게도 감사 인사를 전한다.

마지막으로, 세상의 편견 따위는 벗어던지고 세상에 지지 않을 용기를 가지길 바란다!!!

2021년 9월, 이혜정

목 차

2장 모든 선택에 무조건 YES일 필요는 없다

3장 삶에서 가장 큰 벽은 나 자신이었다

4장 마음이 내게 행복하다고 말하는 삶을 살아라

COURAGE
not to be lost
in the world

1장

하고 싶은 일을 시작하기에 완벽한 때는 없다

01

세상에 완벽한
상황은 없다

인생에서 가장 슬픈 세 가지,
할 수 있었는데, 해야 했는데, 해야만 했는데…

– 루이스 E. –

나는 스물여섯 살에 캐나다 유학을 다녀온 뒤, 친한 언니의 권유로 지방의 작은 여행사에서 '여행 인솔' 아르바이트를 하였다. 당시 저렴한 패키지여행이 붐을 일으키던 시절이었다. 먹고살 만한 시골 어르신들은 삼삼오오 모여 해외여행을 다니기 시작했다.

해외여행에 익숙하지 않은 여행객들을 목적지까지 안내하고 현지 가이드에게 인솔해주는 것이 바로 나의 역할이었다. 인솔자에게는 무료 항공 티켓과 무료 숙박권이 제공되었다. 나는 공짜로 여행을 다닐 수 있다는 말에 신이 났고 그 덕분에 중국과 홍콩 등의 유명한 관광지를 공짜로 여행할 수 있는 행운을 누릴 수 있었다. 거기다가 출장을 갈 때마다 출장비와 인솔자 팁, 그리고 쇼핑 수수료 같은 추가 수입을 벌 수 있어서 일석이조의 경험을 할 수 있었다.

그리고 여행업계의 혜택들도 조금은 엿볼 수 있었는데 그중 하나로 여행사 직원들에게만 제공되는 저렴한 여행상품을 이용할 수 있었다. 이 여행을 'AD'라고 부른다. 이 AD 투어는 여행사에서 패키지 여행분으로 미리 잡아놓은 항공권이 출발 날짜가 임박했는데도 팔리지 않았을 때 직원들에게 저렴한 가격으로 판매하는 시스템이다. 대신 투어 상품을 예약하고 바로 2~3일 내에 떠나야만 이 혜택을 받을 수 있었다.

나는 대학을 졸업하고 초등학교 영어 강사로 5년 정도 근무를 했다. 방학이라는 특별혜택을 누릴 수 있는 선생님이었던 나는 연간 계획이 미리 정해져 있었다. 그 때문에 여행 계획을 미리 짜놓는 게 가능했는데 매년 1월에 일정표를 받자마자 여름방학, 겨울방학 일정을 확인했다. 그리고 사람이 많이 붐비지 않는 8월 중순 이후와 2월 중순 이후에 맞추어 내 여행 일정을 조정하기 시작했다.

그리고 한 달 전쯤 여행사에 AD 상품이 나오면 전화해달라고 부탁을 했다. 그리고 여행사에서 연락이 오면, 가고 싶은 나라 몇 군데를 골라 함께 갈 친구를 모집하기 시작했다.

대부분 3박 4일 일정에 20만 원 후반대로 여행을 가거나 정말 운이 좋을 때는 보라카이 3박 4일 패키지가 99,000원인 상품이 나올 때도 있었다. 거리가 멀거나 수요가 많이 없는 여행지인 경우는 200만 원짜리 상품이 70만 원 정도로 일반 가격보다 매우 저렴했다. 하지만 여행을 혼자 갈 수 없었다.

매번 친구들에게 전화해서 "나 해외여행 저렴하게 갈 수 있는 기회가 생겼는데 너 이번에 여름휴가 같이 갈수 있어?"라고 물어보았다. 내가 물어볼 때마다 친구들은 너무 가고 싶다고 답했다. 그리고 내가 가려고 할 때 언제든 이야기하라고 대답했다.

하지만 정말 좋은 기회가 와서 급하게 결정해야 할 때 연락을 하면 모두 망설이기만 하고 쉽게 결정하지 못했다. 늘 상황이 안 돼서 갈 수 없다고 하며 "나 진짜 너무 가고 싶어. 다음에 갈 때 꼭 말해줘!"라며 전화를 끊었다.

이런 상황이 여러 번 반복되면서 나는 기회가 왔을 때 빠른 결정을 할 수 있는 사람만 더 많은 것을 얻을 수 있다는 사실을 깨달았다. 나와 여행을 함께 갔던 친구들은 내가 물어봤을 때 즉시 "일단 갈게"라고 티켓을 확보한 뒤 본인의 휴가 일정을 조절하거나 업무를 조절하는 방식으로 나와 함께 저렴하고 좋은 여행을 할 수 있었다.

그렇지 못한 친구들은 즐거운 휴가를 다녀온 우리를 부러워하면서 다음에 갈 때 꼭 얘기해달라고 했다. 그들은 결국 또다시 시간이 안 맞는다는 이유로, 시간이 맞으면 비싸다는 이유로 결국 한 번도 함께 여행을 가지 못했다.

　이러한 경험을 통해서 나는 친구들에게 이렇게 조언한다.

　첫 번째, 빠른 결정을 해라.

　빠른 의사결정이 완벽한 선택은 아닐지 모르지만, 이 방법을 통해 나는 지금까지 많은 것을 얻을 수 있었다. 저렴한 항공권을 보는 순간 예약해서 호주, 미국, 싱가포르, 필리핀 등 5년간 17개국이 넘는 해외여행을 다닐 수 있었다.

　빠른 의사결정이 가져다주는 것은 최고의 선택은 아닐지 모르지만 시간과 기회비용을 고려한다면 경제적으로 엄청난 이득을 볼 수 있다. 무엇을 선택해야 할지, 무엇부터 해야 할지 모를 때는 무조건 빠른 선택이 이익이다.

　내가 20대 초반에 여행을 다닐 수 있었던 것은 경제적으로 생활이 넉넉하거나 시간이 많아서가 아니었다. 여행을 가기 위해 용돈을 아껴 쓰고 아르바이트를 해서 비용을 마련하고 수업 일정을 조절해서 여행을 다녔다. 모든 게 완벽해서 여행을 다닌 것이 아니다. 일단 결정을 하고 거기에 맞추어 문제를 해결해나가며 내가 원하는 것을 이루었다.

여행에서뿐만이 아니라 우리 일상생활에서 모든 것은 선택의 연속이다. 빠른 의사결정을 하고 그런 다음에 문제점들을 해결하면서 시간을 단축하는 것이 결정하지 않고 고민만 하는 것보다 백배는 낫다.

두 번째, 본인 스스로 기회를 막지 마라.

나는 친구들에게 무언가를 제안하기를 좋아한다. 인터넷을 검색하다가 '한복 선발대회'가 있거나 '글쓰기 대회'가 있으면 재능이 있는 친구들에게 링크를 보내준다. 하지만 많은 친구들이 도전하기도 전에 스스로 '나는 너무 나이가 많아, 내가 하기에는 너무 어려워, 나보다 더 나은 사람들이 하는 거야, 그건 나에게 맞지 않아.' 하면서 시도조차 하지 않는다.

이러한 행동은 해보지도 않은 채 본인 스스로 사전에 기회를 막는 행동이다. 아마 결과에 대한 두려움 때문일 수도 있다. 그리고 뭔가를 시도하기에 귀찮아서일 수도 있다. 하지만 어떤 일에 결과를 떠나 그 일을 하면서 얻을 수 있는 경험이나 그 경험을 통해 만난 사람들이 결과보다 훨씬 값진 경우가 많다.

  내가 대학교 졸업 전에 했던 여행사 인솔 아르바이트는 경력이 되어 7급 공무원 시험에 합격하는 데 유리한 점수로 작용하기도 했다. 나의 경험이 자산이 되어 어떤 기회로 다가올지 모른다. 시도해 보지도 않고 사전에 포기하는 것은 자신의 성장을 스스로 막고 있는 것이며 본인의 한계를 본인 스스로 더 올라가지 못하도록 금을 긋고 있는 것과 같다. 스스로를 믿고 일단 시작해보자.

  또한 요즘은 드림킬러들도 많으니 주의하기 바란다. 스쳐 지나가는 말로 다른 사람들의 기회까지 빼앗아 가는 사람들을 드림킬러라고 부른다.

"에이~ 그게 되겠어?"
"넌 힘들 텐데….."
"넌 안 돼!!"
"너에게 그 일은 어려워."
"너에게 그 일은 맞지 않아."

  이런 말들은 듣고만 있어도 힘이 빠지고 모든 일의 의욕을 앗아가 버린다. 이런 드림킬러들은 실제로 해보지도 않고 본인의 생각만으로 다른 사람의 꿈을 시작조차 못 하게 만든다. 그리고 이런 사람들은 주로 모르는 사람이기보다는 가족이나 친구 주변에 친한 지인들인 경우가 많다. 만약 꿈이 있고 원하는 것이 있는 사람이라면 이런 드림킬러들을 조심하자!

하고 싶은 것을 하는 데 완벽한 때는 없다. 어떤 일을 해야 할지 말아야 할지 고민된다면 빠른 결정을 하라. 그리고 스스로를 믿고 일단 시작하라.

02

살아 있는 동안
하고 싶은 것 다 해보기

평생을 살 것처럼 꿈을 꾸어라.
그리고 내일 죽을 것처럼 오늘을 살아라

- 제임스 딘 -

"당신은 인생에서 기쁨을 찾았는가?"
"당신의 인생이 다른 사람들의 인생을 기쁘게 해주었는가?"

이 대사는 바로 영화 〈버킷리스트〉에 나오는 명대사이다. 버킷리스트
란 죽기 전에 꼭 해야 할 일들의 목록을 말한다. 이 영화는 죽음을 앞둔
두 노인이 삶에서 원했던 일들을 하나씩 이루어 나가는 내용이다. 주인
공들은 우연히 같은 병실을 쓰게 되면서 처음 알게 되었다. 두 사람의 성
격은 너무 달랐지만 '얼마 남지 않은 시간 동안 하고 싶었던 일들을 다 해
야겠다'는 공통점을 발견하게 되면서 각자의 버킷리스트를 이루기 위해

병원에서 나와 함께 여행을 시작하게 된다. 두 사람은 버킷리스트의 목록을 작성하고 완성할 때마다 하나씩 그어나갔다. 그렇게 두 사람은 버킷리스트를 지워가는 동안 많은 것을 함께 나누고 깨닫게 된다는 줄거리를 가진 영화이다.

다음은 영화 속에서 내가 감명 깊었던 명대사이다.

"삶에서 시간이 얼마나 남았는가를 알면 자유로워질 줄 알았다. 그러나 그렇지 않았다."

"인생에서 후회하는 일은, 하지 않은 일."

"사랑이란, 사랑할 수 있는 용기를 가지는 것."

"인생은 짧다! 젊을 때 즐겨라!"

"그가 살아 있던 지난 몇 개월이 나에겐 최고의 시간이었다."

"전 진심으로 자부심을 느낍니다. 그와 친구가 되었다는 것을요."

내가 이 영화를 좋아하는 이유는, 이 영화에 나오는 명대사들이 나에게 다음과 같은 메시지를 던져주었기 때문이다. '나에게 남은 시간은 얼마인가? 나는 이 남은 시간을 어떻게 살아가야 하는가? 나는 지금 무엇을 하고 싶은가? 나는 지금 하지 않으면 후회되는 일이 무엇인가?' 내가 무엇을 하고 싶은지 정확히 알기 위해 이 질문들은 매우 중요하다.

나도 이십 대의 마지막인 스물아홉 살에 '20대가 가기 전 꼭 해야 하는 버킷리스트 열 가지'를 적어본 적이 있다. 버킷리스트는 막상 적으려고 하면 생각이 잘 나지 않는다. 그래서 틈틈이 경험하고 싶거나 하고 싶은 일들을 휴대전화기에 메모해두고 한 번에 적어보는 것이 좋다. 스물아홉, 나의 버킷리스트는 다음과 같았다.

1. 자기계발서 100권 읽기
2. 혼자 여행하기
3. 엄마랑 단둘이 해외여행 가기
4. 운전 배우기
5. 수영 배우기
6. 피아노 치기
7. 스쿠버다이빙하기
8. 템플스테이하기
9. 1년에 네 번 여행가기
10. 1~9 버킷리스트 꼭 다 이루기

첫번째 버킷리스트인 '자기계발서 100권 읽기'는 100권을 읽는 것이 목표였기 때문에 일주일에 두 권씩은 읽어야 겨우 목표를 달성할 수 있었다. 그래서 나는 읽어 치우다시피 서점과 도서관에서 제목만 보고 책을 골라 읽기 시작했다. 시간이 지나 자기계발서를 열 권째 읽었을 때쯤 문득 이런 생각이 들었다. 결국 내가 실천하지 않으면 '이 좋은 교훈들도 무용지물이다.'라는 것이다. 그때부터는 책을 한 권, 두 권 볼 때마다 내용의 양을 중시하기보다는 단 한 줄이라도 나에게 와닿는 문구가 있으면 휴대전화기로 사진을 찍어 매일 꺼내 보며 다시 나 자신에게 상기시켰다.

그렇게 내 것으로 만들려는 노력을 많이 하며 나를 단련시켰다. 목표를 100권으로 무리하게 세워서 벅차기도 했다. 하지만 그 덕분에 속독하는 좋은 습관을 얻을 수 있었다. 책을 더 빨리 볼 수 있게 되었고 더 많은 책을 보면서 많은 정보와 삶의 지혜를 얻을 수 있었다.

두 번째 버킷리스트인 '혼자 여행하기'의 목적지는 호주였다. 해외여행은 많이 다녀봤지만 혼자서는 한 번도 가본 적이 없어서 자유여행과 패키지여행 중 많이 고민하다가 결국 패키지여행으로 결정했다. 여행은 안전이 최우선 순위이기 때문이다. 호주는 나에게 한 번도 가본 적이 없는 새로운 여행지였다. 두려움 반, 설렘 반으로 시작했던 여행으로 얻은 것은 결국 사람이었다. 호주 여행에서 만난 좋은 인연들이 훗날 나의 멋진 비즈니스 파트너들이 되기도 했다.

세 번째 버킷리스트인 '엄마와 단둘이 여행'은 단풍이 예뻤던 가을에 일본 오사카로 떠나게 되었다. 신규 취항한 항공사가 세일을 한다는 소식이 이메일로 날아왔다. 재미 삼아 비행기표를 검색하던 중 97,000원 하는 비행기표를 발견했다. 이게 웬 횡재냐며 두 장을 얼른 예약했고 환불이 되지 않는 저렴한 티켓이었기 때문에 엄마는 모든 일정을 미뤄두고 나와 여행을 떠나야만 했다.

나는 친구들과는 여행을 많이 다녀봤지만, 엄마와의 해외여행은 처음이었다. 더 빨리 함께 가지 못해 죄송한 마음도 들었고 아빠가 타지에서 일하고 계시는 바람에 엄마만 모시고 간 것 때문에 아빠에게 미안한 마음이 들었다. 여행하면서 엄마가 낯선 곳이 불편하실까 봐 항상 엄마를 먼저 챙기게 되었다. 그리고 여권도 잃어버릴까 걱정돼서 엄마 여권도 내가 함께 보관했다. 둘 다 무릎까지 내려오는 롱패딩을 입고 화려한 오사카 거리를 걸었다. 화려하게 치장한 젊은이들이 거리를 활보했고, 엄마랑 나만 등산복 차림이어서 이 거리와는 약간 어울리지 않는 느낌이었다. 왜 한국 사람들은 해외여행을 갈 때 그렇게 등산복을 고집하는가 했더니 입어보니 가볍고 편해서 한편으로는 부끄러웠지만 마음에 들었다.

우리는 출출해서 저녁 식사를 하러 식당에 갔다. 일본어를 알 수가 없으니 그림에 나와 있는 숫자를 보고 1번, 2번을 주문했다. 엄마는 조용히 나에게 속삭이셨다. "그런데 왜 반찬은 안 주니?" 나는 "엄마, 일본은 반찬 돈 주고 사 먹어야 해."라고 대답했다. 엄마는 치사하다는 표정을 지으시며 밥과 반찬의 양을 잘 분배하시느라 바쁘셨다. 식사를 마치고 다시 사람들이 북적거리는 거리로 나왔다. 아까보다 더 많은 사람이 모여들기 시작했다. 갑자기 옆에 있는 엄마를 바라보는데 '내가 여기서 엄마를 잃어버리면 엄마는 국제 미아가 될 수도 있겠구나!'라는 생각이 들었다. 엄마는 아이처럼 내가 없으면 안 되는 존재가 되어버린 느낌이었다. 내가 어릴 적 '엄마도 나를 이렇게 조마조마하시며 키우셨겠지.'라는 생각이 들면서 새삼 엄마가 참 대단하고 감사하게 느껴졌다.

나머지 버킷리스트 중 절반은 아직도 이루지 못했다. 운동과 예체능은 나의 관심과 열정이 부족했던 것 같다. 그리고 서른일곱인 나는 스물아홉에는 감히 생각하지도 못한 많은 것들을 이뤘다. 또한 30대의 버킷리스트는 20대보다 훨씬 더 커지고 다양해졌다. 스물아홉 나의 버킷리스트를 통해 내가 깨달은 점은 세상에 쓸데없는 경험은 없다는 것이다. 그러니 이왕이면 하고 싶은 것들을 다 하고 살아도 된다는 것이다.

어릴 적부터 우리 할머니는 "나는 이제 늙어서 곧 죽을 거야."라는 말씀을 많이 하셨다. 늙어서 좋은 음식도 자식들에게 다 양보하시고 여행을 모시고 간다고 해도 늙어서 힘이 없다고 늘 싫다고 하셨다. 할머니의 그때 나이는 60대셨다. 할머니는 20년이 지난 지금도 정정하시다.

반면 나의 학창시절 친구 세 명이 한꺼번에 갑작스러운 교통사고로 짧은 생을 마감한 일이 있었다. 고작 열여섯에 말이다. 만약 사고가 나기 30분 전 친구들에게 "앞으로 너의 삶이 얼마나 남았을까?" 하고 물었다면 최소 50년은 남았다고 이야기했을 것이다. 그리고 아마 누구라도 본인의 삶이 단 30분밖에 남지 않았다고는 믿기 힘들 것이다.

　하지만 우리의 삶이 얼마나 남았는지는 아무도 알 수 없다. 그러므로 우리는 살아 있는 동안 마음껏 사랑하고, 하고 싶은 것을 다 해볼 용기를 가져야 한다. 20년 뒤, 당신은 당신이 했던 일보다 하지 않았던 일들 때문에 더 많이 후회할 것이다. 그러니 이제 밧줄을 풀고 안전한 항구를 떠나라. 배를 만든 목적은 항구에 묶여 있기 위함이 아니니 말이다.

03

가장 소중한
시간, 지금!

일하는 시간과 노는 시간을 뚜렷히 구분하라.
시간의 중요성을 이해하고 매 순간을 즐겁게 보내고 유용하게 활용하라.

– 루이자 메이 –

나는 전남 순천에서 학창 시절을 보내고 순천의 한 초등학교에서 직장생활을 했다. 보통 초등학교는 담임 선생님이 전 과목을 다 가르치시는데 요즘은 특수 과목이나 예체능만 전담하여 가르치는 교과 담임 제도가 있다. 나는 영어를 가르치는 영어 교과 담당 선생님이었다.

학교는 그 해 동학년 선생님들과의 분위기가 일 년 직장생활을 결정한다고 해도 과언이 아닐 만큼 서로 함께해야 하는 일들이 많다. 우리 5학년은 여자 선생님 세 분에 남자 선생님 한 분으로 구성된 학년이었다. 우리는 2교시가 끝나고 중간놀이 시간에 차도 마시고 교육과정 정보도 주고 받으며 수다를 떨기도 했다. 나는 주말에 벚꽃 구경을 다녀온 이야기를 선생님들께 재잘재잘 이야기하기 시작했다.

나는 그해 봄을 잊을 수가 없다. 어느 화창한 봄날, 광주에서 순천으로 운전해서 내려오는 길이었다. 나오는 길을 잘못 빠져나와서 고속도로 대신 국도로 우회해서 가게 되었다. '앗! 내가 왜 내비게이션을 잘못 봤을까?' 하며 늘어나버린 시간에 짜증이 났다.

한참을 새로운 길로 달리고 있을 때쯤 갑자기 하늘에서 꽃비가 내리는 것이었다. 마치 영화 속 한 장면에 들어와 있는 것 같았다. 길 양쪽으로는 족히 몇십 년은 되어 보이는 벚나무 길이 보였고 벚꽃 송이 송이마다 솜사탕이 매달려 있는 듯, 풍성한 벚나무들이 끝없이 길게 펼쳐져 있었다. 그동안 봄이 되면 목련, 벚꽃, 진달래 봄꽃 들은 많이 봤지만, 이런 멋진 장면은 태어나서 처음 보는 아름다운 광경이었다. 나는 자동차 속도를 점점 줄이고 바람에 휘날리는 벚꽃을 감상하며 생각에 빠졌다.

'이런 아름다운 벚꽃을, 나는 앞으로 몇 번이나 더 볼 수 있을까?'

긍정적으로 생각할 수도 있었는데 그때 왜 그런 생각이 들었는지 모르겠다. 손가락을 꼽으며 계산해보니 50번은 더 볼 수 있을 것 같았다. 그런데 그 50번이 너무도 짧게 느껴지는 것이었다. 50번 밖에 보지 못한다니…. 갑자기 시간이 너무 짧다는 생각이 들면서 내년부터는 단 한 번도 놓치지 않고 벚꽃 구경을 가겠다고 다짐했다. 그리고 그때부터 나는 지금까지 매년 벚꽃 놀이를 간다.

갑자기 우울해진 기분을 전환하기 위해 그때 한참 유행했던 전 국민의 노래 〈벚꽃엔딩〉을 틀었다. "봄바람 휘날리며~ 흩날리는 벚꽃 잎이~ 울려 퍼진 이 거리를 둘이 걸어요~"

노래를 들으며 창문을 열고 따뜻한 봄바람을 즐기며 드라이브를 하는 기분이 꽤 좋았다. 창문을 열고 창밖을 바라보니 연인들은 너도나도 차를 세우고 서로 사진을 찍느라 여념이 없었다. 오랜만에 사람들의 행복한 모습을 보니 나도 입꼬리가 저절로 올라갔다.

나는 짧은 쉬는 시간 안에 벚꽃이 얼마나 예뻤는지를 다 이야기해야 해서 마음이 급했다. 나의 주말 벚꽃 길 찬양을 다 들으시고는 한 선생님이 "혜정아, 그렇게 만개한 벚꽃은 네 인생에서 정말 다시 보기 힘들어. 나도 대학 때 딱 한 번 본 적이 있어. 그런데 그 이후로는 벚꽃이 그렇게 만개해서 휘날리는 딱 그 장면을 볼 수 있는 타이밍을 맞추기 쉽지 않더라."라고 말씀하셨다. 그 말을 들으니 정말 내가 엄청난 걸 경험한 것만 같은 느낌이 들었다. 그런데 정말 그 선생님 말씀대로 그렇게 예뻤던 벚꽃은 지금까지 볼 수 없었다.

인생에서 소중한 순간의 타이밍은 그 당시에는 잘 알지 못한다. 얼마나 예뻤고, 얼마나 행복했는지 말이다. 아이를 키우는 엄마들도 아이들이 태어났을 때는 잠도 못 자고 육아를 해야 해서 많이들 힘들어한다. 그리고 그 힘든 시간이 어떻게 흘러가는지도 모르고 하루하루를 버티며 살아간다. 그런데 아이들이 자라서 그 시절 사진을 보면 '그래 이때가 참 행복했는데….'라고 생각한다.

그래도 요즘은 SNS가 많이 발달해서 소중한 순간이나 중요한 순간을 사진과 글로 남기기가 쉬워졌다. 사람들은 가족이나 친구들과 여행을 가거나, 연인과 데이트를 하거나, 시험에 합격하거나, 취직하거나, 아이가 태어난 순간 같은 '인생에서 소중한 순간들'을 기록하고 추억한다. 나 역시 나의 인스타그램 계정과 블로그, 유튜브를 통해 나의 일상을 기록하고 사람들과 공유하기도 한다. 그리고 이런 나의 일상들이 이제는 누군가에게 도움이 되기도 한다.

세상에는 두 종류의 사람이 있다. 전자는 과거의 시간에 사는 사람, 후자는 현재 시간에 사는 사람이다. 일부 어른 중에는 화려했던 젊은 시절을 이야기하며 과거에 얽매여 살아가는 사람이 있다. "내가 옛날에는 말이야."라는 서론으로 시작하지만 아무도 그의 옛날을 궁금해하지 않는다.

'같은 물에 몸을 두 번 씻을 수는 없다'라는 이야기가 있다. 내가 처음 몸을 씻은 그 물은 이미 흘러가버렸기 때문이다. 두 번째 씻는 물은 새로운 물이다. 시간도 이 물과 같다. 우리의 과거는 이미 지나가고 다시는 돌아오지 않는다. 당신의 '지금'이 행복한 순간일 수도 있고 힘든 순간일 수도 있다.

하지만 지금, 이 순간에도 시간은 계속 흐르고 있다. 당신의 행복한 순간을 놓치지 말고 '꽉' 잡길 바란다. 그리고 만약 힘든 일을 겪는 중이라도 걱정하지 말자. 당신은 생각보다 강하고 시간은 결국 흘러가기 마련이니 다시 용기를 내 보자.

내가 가장 좋아하는 뮤지컬 넘버를 꼽으라면 〈지킬앤하이드〉의 〈지금 이 순간〉이다. 노래에는 다음과 같은 가사가 있다.

"지금 이 순간 마법처럼 날 묶어왔던 사슬을 벗어 던진다.
(중략)
그 많았던 비난과 고난을
떨치고 일어서 세상으로 부딪혀 맞설 뿐"

〈지금 이 순간〉의 노래 가사처럼 우리의 인생은 '비난과 고난'이 함께 하겠지만 세상과 부딪혀 맞서 싸우고 마법처럼 승리하길 바란다. 지금 이 순간의 소중함을 깨닫고, 매 순간 최선을 다한다면 우리의 미래도 아름다운 벚꽃 길처럼 환하게 펼쳐지지 않을까?

우리에게 가장 소중한 시간은 '지금'이다!!

04

외국어는
자신감이다

하루에 3시간을 걸으면 7년 후에
지구를 한 바퀴 돌 수 있다.

- 새뮤얼 존슨 -

면적이 우리나라의 3분의 1이나 되는 캐나다 밴쿠버 섬의 남쪽에 자리 잡은 '빅토리아'라는 곳은, 밴쿠버에서 배를 타야 갈 수 있는 곳이다. 나는 이곳 빅토리아에서 어학연수를 하며 세상에서 가장 행복한 1년을 보냈다.

빅토리아는 캐나다 중에서도 손꼽히는 관광지로 여름철이 되면 평소의 2~3배가 넘는 관광객들이 한꺼번에 모이기도 한다. 빅토리아 다운타운에는 이너하버라는 아름다운 항구가 있는데 그 항구에는 꽤나 비싸 보이고 멋진 요트들이 정박해 있다. 이너하버 정면에는 보기만 해도 아름다운 국회의사당과 넓은 잔디밭이 펼쳐져 있다. 날씨가 좋은 날에는 이 잔디밭에 누워 독서를 하거나 아이들을 데리고 와서 뛰어놀곤 하는 사람들이 많다.

그리고 왼편에는 봄, 여름, 가을, 겨울 사계절이 모두 예쁜 100년이 넘는 엠프레스 호텔이 자리하고 있다. 캐나다의 햇살은 유난히 따사롭고 습도가 한국보다 낮았다. 끈적이지 않은 선선한 날씨가 나의 취향과 너무나 잘 맞았다.

내가 영어를 뛰어나게 잘해서 어학연수를 간 것은 아니다. 다만 '죽기 전에 영어를 잘하지 못하는 채로 죽고 싶지는 않다'라는 생각에 부모님을 졸라 영어공부를 하러 간 것이다. 가정형편이 넉넉하지 못했기 때문에 사실 우리 집은 어학연수를 보내줄 형편은 못되었다.

그런데 간절히 원하면 이루어진다고 하지 않았던가! 때마침 엄마가 10년간 부어오셨던 적금 만기가 된 것이다. 자식 이기는 부모 없다고 하지 않았는가! 부모님은 그 큰돈을 선뜻 내어주셨다. 지금 생각해도 너무 감사한 일이다.

내가 캐나다를 가지 않았다면 아마 아직도 영어를 잘 못하는 사람으로 살고 있을지도 모른다. 그때 당시 환율이 1,500원에 육박할 때다. 아직도 나는 그 이상의 환율을 본 적이 없다. 정말 내가 있는 내내 1년간 역대 가장 높은 환율을 유지하고 있어서 나는 차마 외국 생활을 더 하겠다고 말씀드릴 수가 없었다.

주어진 시간 안에 영어를 많이 배우고 가야 했기 때문에 나는 남들보다 더 열심히 공부하고 싶었다. 그렇지만 생각처럼 영어공부가 쉽진 않았다. 레벨테스트를 하고 초급반부터 올라가는데 반 친구들로는 멕시코, 대만, 일본 친구들이 있었다. 전부 영어권 국가가 아니었기 때문에 실력은 대부분 비슷했다.

선생님이 대만 남학생에게 "How are you doing?"이라고 물으면 "I am going to school."이라고 대답해서 모두 웃음을 터뜨린적도 있다. 그렇게 아주 기초부터 익혀 나는 영어를 가르치는 Tesol 자격증 반까지 올라가게 되었다.

그런데 나는 갑자기 궁금해졌다. 초등학교 때부터 중학교를 거쳐 고등학교, 대학교 때까지 영어를 공부하는데 도대체 나는 왜 영어를 못하는가? 오랜 고민 끝에 내린 결론은, '우리가 배워왔던 영어가 대화 중심의 영어가 아니라 시험을 보기 위한 영어였기 때문이다.'라는 것이었다.

그래서 지금까지 배웠던 영어는 모두 잊었다. 나는 영어를 영어라고 생각하지 않고 그냥 내가 하고 싶은 말을 영어로 만들어 보기로 마음먹었다. 그러기 위해서는 많은 단어들을 알아야 했고 가장 먼저 무슨 말을 배워야 하나를 연구하다 '질문'을 먼저 공부하기로 했다.

'저 물건이 무엇입니까? 이 단어는 어떻게 발음하나요? 이런 상황은 어떻게 말해야 하나요?' 등을 공부하고 계속 질문하고 대답을 들으며 묻고 또 물으며 공부하기 시작했다. 대상은 원어민 선생님과 캐나다 친구들이었다. 못 알아듣는 말이 있으면 천천히 말해달라고 이야기하기도 했다. 신기하게도 처음에는 하나도 안 들렸던 영어가 조금씩 들리기 시작했다. 이런 상황을 귀가 트였다고 이야기한다. 3개월이 지났을 무렵 어느 정도의 의사소통과 기본적인 인사, 물건을 사고 커피를 사 먹는 정도는 구사할 수 있게 되었다.

그런데 정말 영어가 필요한 순간이 언제인지 아는가? 바로 컴플레인을 걸고 싶을 때다. 나는 매일 아침 스타벅스에 들러 커피를 사서 학교를 가곤 했다. 유학생에게 스타벅스 커피 한잔이 사치인 것을 알지만 차비를 아껴 커피를 사먹는 것이 너무나 행복한 20대였다.

나는 늘 카라멜마끼아또에 휘핑크림을 얹은 톨사이즈 커피를 시켰다.

그런데 그날은 아메리카노를 주는 것이었다. 그리고 심지어 뚜껑을 덮어 놓는 칸에 뚜껑도 비어 있는 것이었다. 나는 내 커피가 잘못 나왔다고 내가 주문한 커피는 이 커피가 아니라고 이야기하고 싶었지만 결국 하지 못한 채 아메리카노를 들고 나왔다. 너무나 많은 외국인들이 있는 스타벅스에서 가장 바빠 보이는 점원에게 그 이야기를 영어로 이야기할 자신이 없었기 때문이었다.

아마 그 사람들은 알지 못하겠지만 그 순간이 나의 마음속에 평생 아쉬운 순간으로 남아 있다. 지금은 유창하게 커피가 잘못 나왔다고 설명하고 땡큐 쿠폰까지 받아낼 것이다. 하지만 그때는 틀리는 것에 대한 두려움 때문에 자신감 있게 영어를 하지 못했다.

만약 영어를 잘하고 싶은 두 친구 민수와 철수가 있다고 하자. 민수는 토익을 만점 맞는 친구이고, 철수는 영어점수는 형편없지만 아는 단어 모르는 단어를 써서 외국 친구들과 의사소통을 하는 친구이다. 과연 둘 중에 누가 영어를 잘하는 것일까?

내 생각은 철수이다. 이유는 영어는 과목이기 이전에 언어이다. 이제 막 언어를 배우는 아이 중 그 누구도 엄마를 단 한 번만에 말하는 아이는 없다. 아이들은 적어도 그 단어를 3,000번 이상 반복해야 정확하게 엄마를 말할 수 있다고 한다.

그래서 언어를 배울 때는 꼭 틀릴 수밖에 없는 실수들이 있다. 마마라고 많이 반복한 끝에 엄마를 할 수 있는 것이다. 따라서 철수처럼 많이 시도하고 빨리 틀려버리는 친구들이 많이 반복한 끝에 결국 본인이 원하는 말을 할 수 있는 것이다. 그러니 틀리는 걸 두려워하지 말고 자신감 있게 이야기해보자.

처음에 나는 외국에만 나가면 무조건 영어를 잘하게 될 줄 알았다. 하지만 나의 이런 생각은 턱도 없는 소리였다. 실제로 외국에 나가보면 하루에 한마디 영어도 안 하고 사는 한국 사람들을 많이 볼 수 있다. 학원에서도 100% 영어로만 말하라는 규칙이 엄격하게 시행되고 있지만 한국사람들끼리 모였을 때는 "나 짜장면 먹고 싶다, 나 김치찌개 먹고 싶다."라고 하며 한국말을 하게 된다. 지나가시던 선생님이 "Don't speak Korean."이라고 하면 우리는 고유명사라고 하며 우기기도 했다.

캐나다에서도 영어를 가르쳐주는 영어 선생님이 필요했다. 그래서 나는 랭귀지 익스체인지라는 프로그램을 신청하여 서로의 언어를 교환해주는 수업을 했다. 나의 파트너는 인도 친구 탠비어였다. 맥주 열병이라고 이름으로 놀리기도 했지만 탠비어는 캐나다 유빅이라는 대학교에서 컴퓨터를 전공하고 학생회장까지 맡고 있는 수재였다.

캐나다에 온 지는 4년 정도 되었다고 했다. 나는 탠비어에게 엄마, 아빠, 동생, 누나 등 가족에 대한 단어를 알려주었고 탠비어에게 이제부터 나를 누나라고 부르면 된다고 알려주었다. 그는 나에게 영어로 질문하고 답하는 기본적인 영어 회화를 알려주었다. 수업 시간에 탠비어에게 "지난 시간에 나를 뭐라고 부르면 된다고 했지?"라고 묻자 바로 "엄마"라고 대답해서 웃음바다가 되었다. 그래도 꽤나 똑똑한 게 2주 만에 한국 철자를 다 외우고 불러주는 글씨를 쓰기도 했다. 탠비어는 나에게 인도사람은 똑똑하다는 좋은 인상을 준 친구였다.

드라마에서 보면 성공한 여성들은 모두 공항에서 선글라스를 쓰고 캐리어를 끌고 떠나는 모습들이 많이 보였다. 그래서 나의 꿈도 5개 국어를 구사하며 멋지게 글로벌 한 커리어 우먼이 되는 것이었다. 그런데 5개 국어는커녕 영어 한 가지도 하기 힘이 들었다. 하지만 나는 포기하지 않고 책 한 권만 파기로 마음먹었다. 그때 당시에 학교에서 배우던 'Grammar in use'라는 책을 꼬박 다섯 번 반복해서 보았다. 처음에는 한 권을 다 공부하는 데 6개월이 걸렸지만 두 번째 볼 때는 3개월, 세 번째 볼 때는 한 달, 네 번째 볼 때는 2주, 다섯 번째 볼 때는 일주일 만에 한 권을 보는 능력이 생기며 어느 순간 머릿속에서 문장들이 조합되더니 내가 하고 싶은 이야기를 제법 능숙하게 할 수 있게 되었다.

만약 당신이 외국어를 잘하고 싶다면, 막연한 계획보다는 눈에 보이고 셀 수 있는 목표를 정하고 그 목표를 기간에 맞추어 세분화하기 바란다. 하루에 1장, 하루에 2페이지 등이 편하다. 그리고 실천하라! 실천하기 위해서는 실현 가능한 목표로 목표량을 조절해나가야 한다. 정말 영어는 이제는 선택의 문제가 아니라 필수가 되어버렸다.

나는 목표를 달성하고 그 보상으로 해외여행을 떠나라고 말하고 싶다. 단순한 휴식이나 쇼핑을 하라는 것이 아니라 여행을 통해 나 자신을 찾고 꿈이 생기고 친구가 생기는 그런 진짜 여행을 하길 바란다. 여행을 통해 그 나라 문화를 직접 느낄 수 있고, 여행지에서 친구가 생긴다면 그 친구들의 생각과 문화도 함께 경험할 수 있다. 이런 소중한 경험들이 앞으로 인생을 살아가는 데 많은 도움이 되고 우리를 더욱 빛나게 해줄 것이다.

05

나 자신을
인정하고 사랑하자

나는 학창 시절 외모 콤플렉스가 있었다. 그럴 만도 한 것이 초등학교, 중학교, 고등학교 단짝 친구들이 모두 출중한 미모를 자랑하는 친구들이 었다. 초등학교 친구는 레이싱 모델 출신이고, 중학교 친구는 아역배우 출신이고 마지막으로 고등학교 친구는 학교 얼짱 출신이다. 우리는 스무 살 이후에도 종종 넷이 어울려 다녔다. 그때 당시만 해도 내가 외모 콤플 렉스가 있었는지 인지하지도 못했다.

그런데 내가 어느 순간 마음에 드는 남자들이 나타나면 '저 남자는 분명 나를 안 좋아할 거야.'라는 생각을 하고 있었다. 내가 왜 이런 생각을 하게 되었는지 성장 과정을 되짚어보니 이유는 어릴 적부터 주변에 예쁜 친구들이 있으니 항상 나의 외모가 그 친구들보다 예쁘지 않다는 고정관념이 생긴 것이었다.

아마 나뿐만 아니라 연예인이나 주변 사람들과 자신을 비교하며 외모 콤플렉스를 가지고 있는 사람들이 분명 있을 것이다. 하지만 이 콤플렉스가 내적인 것이 아니라 타고난 기질, 외모, 키, 장애와 관련된 것이라면 본인 스스로의 힘으로 쉽게 바꾸기 어렵기 때문에 헤어나오기가 쉽지 않다.

개그우먼 박나래는 방송에 나와서 성형 사실에 대해 서슴없이 고백했다.

"입술 빼곤 다 했어요."
"제 건 하나도 없어요."

이렇게 성형을 개그로 승화시켜 많은 사람들에게 웃음을 주곤 한다. 하지만 박나래가 성형한 이유를 살펴보면 마냥 웃어넘기기는 어렵다.

박나래는 방송에서 다음과 같은 말을 했다.

"못생긴 사람이 개그를 하기 위해서는 독한 말과 독한 개그를 하게 된다. 비호감 이미지가 생기고 자신감이 떨어져 더 독한 말과 개그를 하게 된다."

또한 박나래는 성형을 한 이유에 대해 다음과 같이 설명했다.

"그 악순환을 끊고자 성형을 했다. 붓기가 빠진 이후 나타나자 동료 개그맨들이 애매하게 못생겨졌다고 했다."

성공하기 위해, 본인이 원하는 것을 얻기 위해 성형이 필요했던 박나래의 심정이 조금은 이해가 갔다. '성형 후 비호감 연예인에서 호감 연예인으로 바뀐 박나래가 만약 성형을 하지 않았더라면 지금의 위치에 오를 수 있었을까?'라는 생각이 든다.

나는 늘 남들보다 특이하다고 생각했다. 그것이 자존감이 높은 것이라고 착각했다. 그런데 자존감과 자존심이 큰 차이가 있다는 것을 알게 되었다. 자존심은 조건을 통해서 보는 나 자신이고, 자존감은 조건이 아닌 관점을 통해서 보는 나 자신이다.

예를 들면, 자존감은 오로지 나 스스로의 가치를 높게 평가하는지 아닌지에 대한 문제이며 자존심은 나의 품위를 타인에게 어필하는 것이라고 설명할 수 있다.

자존감이 높은 사람일수록 자신이 타고난 성향을 있는 그대로 존중하고 받아들인다. 그리고 다른 사람이 가지고 있는 것을 부러워하지 않는다. 또한 부족한 점에 대해서는 거부하는 것이 아니라 그대로 받아들이려고 노력하고 다른 사람에게도 있는 그대로 받아들이기를 요구한다.

반면 자존감이 낮은 사람은 다른 사람을 의식하는 것이 습관이 되어 있고 실패를 남의 탓으로 돌린다. 그리고 어려운 일이 있으면 쉽게 포기하고 화를 잘 내며 자신만의 고정관념과 틀에 박혀 있다. 이런 사람들은 시간이 지나면 아무도 친하게 지내고 싶어 하지 않는다.

학교에서 아이들을 가르치다 보면 모둠 활동을 하게 된다. 어느 그룹에서나 친구들을 잘 도와주고 본인이 주도적으로 학습을 수행하는 친구들이 있는 반면, 다른 친구들의 학습을 방해하고 조금이라도 어렵고 귀찮은 활동은 시도조차 해보려 하지 않는 학생이 있다. 본인은 아무것도 하지 않은 채 결과가 좋지 않으면 다른 친구들 탓을 하며 화를 내는 친구들은 시간이 지나면 아무도 그 친구와 함께 모둠 활동을 하고 싶어 하지 않는다.

그런 학생들을 보면 선생님으로서 몹시 안타까웠다. 다른 학생들에게 함께할 수 있도록 지도를 하기도 하고 상담을 통해 문제를 해결하면서 느낀 점은 그 아이들도 그 친구도 잘하고 싶어하고 친구들과 함께하고 싶은 마음은 큰데 무엇부터 어떻게 해야 할지 모른다는 것이었다. 이것은 비단 아이들뿐만이 아니다. 어른들 중에서도 자존감을 높이고 당당하게 살아가기 위해 무엇부터 시작해야 하는지 궁금해하는 사람들이 많다.

이런 자존감의 회복은 바로 '나 자신을 인정하는 것'에서부터 시작된다. 사람들은 누구나 각기 다른 재능이 있다. 나부터 나를 사랑하지 않는데 다른 사람이 나를 사랑하기를 바라는 것은 잘못된 생각이다. 내가 나를 소중하게 생각해야 주변 사람들도 나를 아끼고 귀하게 여겨줄 것이다.

할 수 있다고 믿는
사람은 그렇게 된다

네 믿음은 네 생각이 된다. 네 생각은 네 말이 된다. 네 말은 네 행동이 된다.
네 행동은 네 습관이 된다. 네 습관은 네 가치가 된다. 네 가치는 네 운명이 된다.

– 마하트마 간디 –

'인생에 정해진 운명이란 없다'는 말에 동의하는가? 나는 이 말에 격하
게 동의한다. 나도 예전에는 사주나 타로카드 보는 것을 즐겼다. 특히나
일이 잘 안 풀릴 때는 유명한 점집을 물어물어 일부러 찾아가기도 했다.
우리 엄마도 신년이면 늘 1년 치 운세를 손에 쥐어 주시며 몇 월과 몇 월
을 조심하라고 일러주셨다. 나는 늘 엄마에게 "에이 그런 게 어딨어."라
고 엄마가 쥐어 주신 봉투를 보는 둥 마는 둥 했지만 일이 내 뜻대로 되
지 않을때는 '몇 월이 안좋다고 했더라…' 하며 다시 들추어보고는 했다.

하지만 지나고 보면 인생이 모두 정해진 대로 흘러가지 않을 때가 더

많았다. 사주에 따르면 나는 스물일곱 살 때부터 결혼운이 들어 벌써 시집을 몇 번씩이나 가야 했다. 그리고 올해 지방에서 경기도로 이사를 왔는데 이사를 한다고 했을 때 엄마도 점쟁이도 나가는 삼재라며 절대 집을 옮기지 말라고 했다. 하지만 아직까지 나는 잘 지내고 있다. 물론 모두 조심해서 나쁠 거야 없겠지만 나는 내 인생은 내가 개척하는 것이라고 생각한다.

아무리 타고나게 운이 좋은 사람일지라도 열심히 노력하지 않고 집에서 빈둥대기만 한다면 그 운을 잡을 수 있을까? 나는 타고난 운도 다 본인이 만들어가는 것이라고 생각한다. 만약 나에게 자꾸 나쁜 일이 일어나거나 안 좋은 일들이 반복되면 그것은 운명 때문이 아니라 과거의 내가 현재의 나로 살아가도록 그렇게 선택한 결과라고 생각한다. 그리고 반대로 만약 나에게 너무나 멋진 일이 일어난 것 또한 자신이 그렇게 만들었기 때문일 것이다.

똑같은 환경이라도 사람은 두 가지로 나뉜다. 전자는 뭐든 할 수 있다고 믿는 사람, 후자는 나는 할 수 없다고 믿는 사람이다. 어차피 결과를 알 수 없는 것이라면 둘 중에 누가 해낼 확률이 높을까? 아마 전자일 것이다. 왜냐하면 할 수 있다고 자기 암시를 하면서 힘들지만 한 발짝 더 노력하고, 쏟아질 듯 잠이 오더라도 밤새 커피를 마셔가면서 남들보다 더 노력할 것이기 때문이다. 할 수 없다고 믿는 사람의 마음은 곧 행동이 된다. '내가 할 수 있겠어?'라고 확신 없는 생각을 하는 순간 노력하기보다는 '포기'를 선택할 것이다. 그냥 침대에 누워버릴 것이고 TV를 볼 것이고 SNS를 하며 시간을 보내면서 '거봐, 나는 안 되잖아.'라는 말을 할 것이다.

똑같은 상황에서 어떤 의식을 가지고 행동하느냐에 따라 결과는 하늘과 땅 차이로 바뀌게 된다. 가게야마 요시키의 『결국 성공하는 힘』에서는 '성공한 사람들의 일곱 가지 공통점'에 대해 다음과 같이 이야기하고 있다.

1. 배움 – "무엇이든 배우는 데 거리낌이 없어요"
2. 경험 – "점과 점을 연결해 선을 완성해갑니다"
3. 습관 – "습관이 쌓이면 강한 무기가 돼요"
4. 운 – "운이 좋은 사람과 어울립니다"
5. 끝까지 해내는 힘 – "실패를 거듭한 결과예요"
6. 자기만의 축 – "절대 타협할 수 없는 부분이지요"
7. 직감 – "직감으로 판단하고 논리로 뒷받침해요"

이처럼 할 수 있다는 확신을 가진 사람들은 목표를 명확하게 세우고 그에 걸맞은 노력을 한다. 나도 목표를 이루기 위해 도움을 받았던 방법이 하나 있다. 바로 이지성 작가의 『꿈꾸는 다락방』에 등장한 R = VD 공식이다. 당신은 당신이 원하는 것이 이미 이루어진 것처럼 상상해본 적이 있는가? 이 공식은 'Realization = Vivid Dream'의 약자로 '생생하게 꿈꾸면 이루어진다'는 의미이다.

나는 네트워크 회사 'C사'의 최고 직급자이다. 네트워크 회사에서 최고 직급까지 올라가기란 여간 힘든 것이 아니다. 하지만 나는 3년 만에 최고직급 자리에 올랐다. 물론 회사의 제품과 보상플랜 덕도 있었지만 내가 빼놓지 않고 매일 했던 것은 바로 '상상'이다. 매일 운전을 하고 새로운 사람들을 만나서 미팅을 하면서 나는 최고직급자가 된 것처럼 생각하고 그렇게 행동했다. 내가 회사를 대표하는 사람이고 이미 성공한 사람이 된 것처럼 자신감을 가지고 미팅에 임했고, 무대에 올라 어떤 드레스를 입을지, 성공 스피치로 어떤 말을 할지도 매일 되새기며 살았다.

어떤 사람들은 비웃을지도 모른다. 하지만 사소한 것 하나부터 최선을 다하며 성취한 것들을 하나씩 늘리고, 실패한 날보다 성취한 날을 많이 쌓아가다 보면 내가 원하는 것을 이룰 수 있다. 나는 상상했던 것들을 하나하나 이루어가며 남들이 상상하지 못한 성취감과 기쁨을 느낀다. 내가 즐겨보는 드라마 〈섹스 앤 더시티〉의 배경지인 '뉴욕에 가면 어떤 기분일까?' 하고 상상하며 지낸 적이 있다. 그런데 캐나다 여행 중 날씨 탓에 여행지가 변경돼 1박 2일 일정이 뉴욕으로 여행지가 변경된 적도 있었다. 언제나 동경했던 브루클린 브릿지를 내 발로 걸어보게 된 것이다. 나는 그때부터 내가 상상하던 것이 현실이 되는 것이 얼마나 짜릿한지를 경험했다. 그리고 많은 사람들에게 더 멋진 상상을 하라고 말하고 싶다.

세상은 할 수 있다고 믿는 사람의 것이다! 나는 우리가 할 수 있는 일에 한계가 있다고 생각하지 않는다. 생각해보라. 왜 어떤 사람은 자수성가로 500억, 1,000억을 버는 반면, 왜 누군가는 평생 하고 싶은 걸 참아가며 노동만 하고 살아야 하는가.

그 이유는 바로 스스로가 한계를 정하고 자신을 틀 안에 가두어두기 때문이라고 생각한다. 간절히 원하고 독하게 마음먹고 실패를 극복하며 끝까지 해낸다면 못 할 일이 없다고 믿는다. 나도 과거에 실패의 경험을 수도 없이 해보았다. 그 결과 세상은 할 수 있다고 믿는 사람의 것이라는 것을 깨달았다.

'난 못 해.'라고 말하는 사람은 '난 할 수 있어.'라고 말하는 사람을 절대 이기지 못한다. 이 세상은 간절한 목표를 세우고 앞만 보고 뛰어가는 사람들, 넘어지면 다시 일어나고 또다시 넘어지는 것을 두려워하지 않는 사람들! 그런 사람들이 주인이 되는 곳이다. 우리는 이 사실을 믿어야 한다.

당신은 원하는 것을 이루기 위해 얼마나 오랫동안 노력했는가? 만약 아직 이루지 못했다면 절대 포기하지 말기를 바란다. 당신이 원하는 것을 이룰 때까지 말이다. 당신이 할 수 있다고 믿으면 당신은 그렇게 될 것이다.

07

삶을 변화시키고 싶다면
새벽을 깨우자

아침은 하루에 있어서 중요한 시간이다. 당신이 아침을 어떻게 보냈는지에 따라
어떤 하루를 보낼것인지가 결정되기 때문이다.

− 레모니 스니켓 −

나는 밤을 좋아하는 '야행성 인간'이다. 하루 일과를 마치고 혼자만의
시간을 즐긴다. 꼭 새벽 시간에 책이 읽고 싶고, 영화를 보고 싶고, 글도
쓰고 싶다. 나는 새벽 시간의 감성을 즐긴다. 하지만 직장생활을 하면서
야행성 인간이 되기란 여간 어려운 것이 아니었다. 매일 새벽 2시가 넘어
서 잠이 들면 수면 시간 부족으로 아침에 일어나기가 몹시 힘이 들었다.

그뿐만이 아니었다. 저녁에 먹은 야식으로 소화불량에 얼굴은 통통 부
어 있고 아침에 출근해서도 비몽사몽으로 업무의 능률도 떨어졌다. 하루
종일 만성피로에 시달리다가 퇴근하기 일쑤였다. 퇴근해서 저녁 먹고 씻

고 하루 일과를 정리하면 다시 밤이 되고 내 눈은 말똥말똥해졌다. 생활 패턴이 완전히 무너져 버린 것이다.

이런 패턴을 바로잡기 위해서는 아침에 일찍 일어나는 아침형 인간이 되어야 했다. 하지만 나에게는 아침에 일찍 일어나는 것보다 더 중요한 것이 있었다. 바로 저녁에 일찍 자는 것이었다. 아침에는 알람을 맞추어 놓고 강제로 일어나면 되는데 저녁에 일찍 자기란 내 의지대로 되지 않았다. 불을 다 끄고 누워서 이불을 머리끝까지 덮고 있어도 어디선가 빛이 새어 나오는 것 같아 암막 커튼을 달고, 시계가 째깍거리는 것 같아 시계를 거실에 내놓아보기도 하였다. 머릿속에 내일 할 일들이 스쳐지나가고 당장 일어나서 스케줄표도 정리하고 내일 입을 옷도 꺼내놓고 싶어졌다.

이런 불규칙적인 습관들이 반복되면서 몸에도 이상 신호가 오기 시작했다. 피부는 점점 칙칙해지고 온몸은 안 아픈 데가 없는 걸어 다니는 종합병원이 되었다. 아무리 병원에서 치료를 받아도 불규칙적인 습관 때문인지 늘 만성피로와 함께였다. 병원에서 수면제를 처방받아서 먹어보기도 했다. 그런데 어느 날 몸은 잠들어 있어서 깨어나지 못하는데 정신은 아침까지 깨어 있는 경험을 하게 되었다. 그 후로 수면제 복용을 중단하고 패턴을 바꿔보려고 부단히 노력했다. 뭔가 충격요법을 주지 않고서는 힘들 것 같아 날을 꼴딱 새고 새벽시장으로 나갔다.

그날, 새벽시장을 다녀온 뒤, 나의 삶은 달라졌다. 그동안 스스로 했던 모든 핑계가 정말 다 핑계가 되어버렸다. 나는 삶이 힘겨울 때 꼭 새벽시장에 가보라고 권하고 싶다. 새벽이 낮인 듯 치열하게 살아가는 상인들을 보면 절로 힘이 생기니 말이다. 만약 그래도 힘이 생기지 않는다면 뜨끈한 시장 잔치국수를 먹어보라. 엄청 맛있어서 아마 다시 살아갈 힘이 생길 것이다. 새벽시장을 다녀온 뒤 정신은 차렸는데 뭔가 스스로 할 일을 만들어놓지 않으면 다시 아침잠을 이길 수 없을 것 같아 나는 자격증 시험에 도전했다.

AFPK(국가공인 재무설계사)라는 자격증이었다. 대학 졸업 전 금융권에 취직하고 싶었던 나는 금융에 관련된 자격증이 꼭 필요했다. 은행이나 보험회사에서 금융상품을 판매하기 위해서는 금융상품에 관한 자격증이 꼭 필요했기 때문이다. 펀드나 파생상품에 관한 자격증은 60점이상 합격이었기 때문에 조금만 집중해서 공부해도 가능했는데 AFPK는 과목 수도 여덟 가지나 되었고 합격 기준도 70점 이상이었다. 과목도 재무설계 개론, 재무설계 직업윤리, 은퇴설계, 부동산설계, 상속설계, 위험관리와 보험설계, 투자설계, 세금설계 등으로 어려운 과목으로 구성되어 있어서 단기간에 합격할 수 없는 시험이었다.

중학교 때부터 야행성이었던 나였지만 이번만은 타협할 수 없었다. 내 미래가 걸린 소중한 시간이었기 때문이다. 나는 아침 6시에 알람을 맞추고 아침을 먹고 책상 앞에 앉아 매일 8시간씩 공부하는 스케줄을 짰다. 오전 중에 강의를 듣고 그날 예습 복습을 하는 스케줄로 하루를 운영했다. 물론 졸릴 때도 있었고 친구들이 놀자고 불러낼 때도 있었다. 하지만 딱 이 한 달만큼은 내 미래를 위해 노력해보고 싶었다. 그렇게 정확히 한 달 뒤 나는 '합격'이라는 기쁜 소식을 들을 수 있었다. 나에게는 아침 시간을 활용해 나타난 첫 기적이었다.

한 달간의 노력과 습관으로 나는 아침의 기적을 경험했다. 아침의 한 시간은 저녁의 4시간과 맞먹는 집중력을 발휘했다. 아침에 일찍 일어나서 아침을 챙겨 먹고 움직이기 시작하니 몸의 바이오리듬도 점차 자리를 잡아갔다. 아침에 일찍 일어나니 저녁에도 10시가 넘어가면 졸리기 시작했고 일찍 잠들 수 있었다.

아마 나처럼 이 글을 읽는 순간에도 새벽 기상이 쉽지 않은 사람들이 많을 것이다. 나는 나조차 하지 못하는 매일 새벽 기상을 이야기하는 것이 아니다. 나는 내가 했던 방법 중 가장 효과적인 한 가지를 공유하고 싶을 뿐이다.

여러분의 인생이 변하기 위해서는 중요한 일들을 단기간에 치러야 하는 경우가 많은 것이다. 예를들면 성적이나 학점을 잘 맞기 위한 시험, 취업을 준비하기 위한 자격증이나 면접, 예쁘게 보이고 싶은 결혼식, 직장생활을 하면서 해내야 하는 보고서나 프레젠테이션 준비를 비롯해 발표, 출장, 승진 시험 등이 있을 것이다.

이런 인생의 중요한 포인트마다 단기간에 기간을 정해서 집중력을 발휘해 효율적으로 새벽 시간을 활용하라는 것이다. 더 구체적으로 돕기 위해 제임스 클리어의 『아주 작은 습관의 힘』을 소개한다. 이 책에서는 좋은 습관을 형성하기 위해 아주 쉬운 것부터 시작하라고 이야기한다.

예를 들면 운동하기 전부터 마라톤을 목표로 세우는 것보다 '운동화 끈 묶기' 같은 쉬운 미션부터 목표로 세우라고 말한다. 책을 한 권 쓰기 전에는 '한 문단 쓰기'부터 시작해보는 것이다. 어떤 사람에게는 이 규칙이 속임수처럼 느껴지기도 한다. 그런데 이 첫 2분의 시작이 우리를 생산적인 길로 자연스럽게 이끌어주는 '습관 관문'인 것이다. 저자는 이런 방식의 변화를 생각해본 적이 없을 것이라고 말한다. 우리는 모두 최종 목표에만 사로잡혀 있기 때문이다.

우리가 아침 일찍 일어나는 것이 목표라면 우리는 1단계로 매일 밤 10시까지 집에 오는 것을 목표로 해야 한다. 그런 다음 2단계는 휴대전화,

텔레비전 같은 모든 전자기기를 매일 밤 10시에 끈다. 그다음 3단계는 매일 밤 10시 전에 잠자리에 든다. (책을 읽고 배우자와 이야기를 한다.) 4단계는 매일 밤 10시 전에 불을 끈다. 그리고 마지막으로 매일 오전 6시에 일어난다. 저자는 첫 2분과 그 단계를 완전히 습득하는 데 집중하기만 한다면 다음 단계로 나아갈 수 있다고 말한다. 어떤 거창한 목표라도 대개 2분짜리 행동으로 만들어질 수 있다고 말이다.

나는 인생을 변화시키고 싶은 사람들에게 말하고 싶다. 시간 없다는 핑계는 이제 그만 대고 당신의 새벽을 깨우라고. 적어도 이루고 싶은 목표를 달성하는 그 기간에는 당신의 새벽 시간에 집중해보길 바란다. 기억하라! 성공한 사람들은 모두 아침에 깨어 있다는 것을.

2장

모든 선택에 무조건 YES일 필요는 없다

01

17개국을 여행하고
알게 된 것

여행은 언제나 돈의 문제가
아니라 용기의 문제이다.

– 파울로 코엘료 –

나는 스무 살까지 해외여행을 한 번도 가보지 못했다. 대학 때 스스로 비행기표를 끊고 여행을 갈 수 있다는 사실을 배운 뒤부터 세계지도에 관심을 가지기 시작했다. 가보고 싶은 곳들이 점점 많아졌고, 가본 곳들도 많아지기 시작했다.

스물세 살 캐나다 유학 시절 만난 나보다 다섯 살 많은 룸메이트 언니는 호주, 미국을 서너 번씩 다녀올 정도로 여행 마니아였다. 여권에 딸랑 도장이 한 개 찍혀 있던 나는 부러움에 언니에게 "언니는 정말 좋겠다. 나도 여행 많이 다니고 싶다."라고 말했다. 언니는 입가에 미소를 띄우며

"혜정아~ 너도 내 나이가 되면 더 많이 다니게 될 거야 걱정 마!"라고 말해주었다. 절반은 '그럴수 있을까?'라는 생각이 들면서도 절반은 그랬으면 좋겠다고 생각했다.

그런데 어느 날 책상에 있는 여권을 집어 들고 도장이 몇 개인지를 세어보니 80여 개가 넘었다. 그러고 나서 내 나이를 생각해보니 정말 딱 그때 언니 나이였다. 언니가 5년 전 했던 말처럼 언니보다 더 많은 곳을 여행한 것이다. 나는 지금도 종종 생각한다. '만약 내가 여행을 하지 않았더라면 내 삶은 어땠을까?'

물론 여행을 하지 않고도 평범하게 잘 살 수 있었을 것이다. 하지만 여행을 하면서 얻은 보물 같은 추억들은 얻지 못했을 것이다. 캐나다 호수에 닭다리를 묶어놓고 게를 잡은 추억, 지름이 1m도 넘는 나무들이 가득한 숲에서 튜브보트를 타며 3박 4일 캠핑한 추억, 일본에서 버스 옆자리에 앉아 길을 묻다 친구가 되어 일본 여행 내내 가이드가 되어준 친구, 브라질에서 한국까지 날아와 날 보러 와준 레이첼, 태국 여행길에 뱃멀미를 같이 하며 만나게 된 말레이시아 친구와 절친이 되기도 했다.

내가 여행에서 만난 건 아름다웠던 사람들뿐만이 아니다. 눈부시게 아름다웠던 보라카이 석양, 나의 20대 로망이었던 미국 드라마 〈섹스 앤 더 시티〉의 배경지 뉴욕야경, 천둥의 폭포라고 불리는, 내 심장을 쿵쾅쿵쾅 울렸던 태어나서 가장 많은 양의 물을 경험하게 해준 나이아가라 폭포, 사진으로 다 담기지 않았던 신의 선물 호주 그레이트 오션로드 등 낯선 순간에 느낄 수 있는 긴장감과 묘한 설렘이 복합적으로 느껴졌다. 나는 그런 순간들을 온몸으로 느낄 수 있어서 아직도 여행의 매력에 푹 빠져 있다.

여행을 갈 때면 시간이 아까워서 최대한 많은 것을 보기 위해 하루 종일 분주하게 움직인다. 그리고 긴 여정 끝에 하루 일과를 정리하며 낯선 침대에서 잠이 드는 느낌도 나에게는 선물처럼 다가왔다.

학교에서 근무할 때는 학교 휴일을 잘 맞추면 1년에 네 번 정도 해외여행을 다닐 수 있었다. 그중 단 한 번도 무리하지 않은 여행은 없었다. 지금 생각해도 어떻게 그렇게 열정적으로 다닐 수 있었는지 과거의 나 자신을 칭찬하고 싶다.

감사하게도 나는 이런 여행을 통해서 많은 용기 있는 선택을 할 수 있었다. 늘 인생에서 무언가를 선택해야 하거나 결정해야 할 때 나는 항상 여행을 떠났다. 스스로 '미션'을 들고 여행을 떠나서 '결론'을 내는 여행이 알차다고 생각했다. 스물아홉 살에 떠났던 호주 여행에서는 '나는 결혼을 할 것인가?'가 나의 미션이었다. 결혼할지 안 할지가 결정이 되어야 직장을 계속 다닐지 그만둘지, 아이를 낳을지 말지 등의 다음 문제들이 해결될 수 있었기 때문이다.

7일간의 여행 끝에 얻은 결론은 '언젠가 하고 싶어질 때가 있겠지.'였다.

왜냐하면 내가 서른두 살 5월에 결혼할 거라고 마음먹는다고 해도 결혼할 사람이 없는데 결혼을 할 수도 없고 결혼하기 위해서 억지로 누군가를 만날 수도 없는 노릇이기 때문이다. 정말 함께 살고 싶은 사람이 나타나서 자연스럽게 결혼하고 싶을 때 그때 예쁘게 결혼하고 싶다는 결론을 내렸고 다행히 지금까지 그 생각은 변함이 없다.

여행은 나에게 일탈이었고 추억이었고 성장 과정이었다. 여행을 자주 다니면서 나의 여행 스타일도 많이 달라졌다. 처음에는 빠짐없이 짐을 챙겨가던 스타일이었는데 여행을 하면서 자신감이 붙었는지 점점 최소한의 짐만 챙기고 현지 조달을 하는 스타일로 변했다.

처음에는 한국 사람들이 많이 가는 핫스팟을 주로 찾아다녔다면 이제는 현지인들이 자주 찾는 식당과 해변에서 여유롭게 시간을 보내는 것을 좋아한다. 그래서 사이판 여행을 갈 때는 텐트에 구명조끼, 스노쿨링

장비에 아이스박스까지 챙겨가서 해변에서 하루 종일 캠핑을 한 적도 있다. 결국 비가 너무 많이 와서 물이 샌 텐트에 앉아서 비를 피해야 했지만 그 또한 여행지의 재미있는 에피소드로 남아 있다.

무라카미 하루키가 이렇게 말했다. "인생의 목적은 사랑받는 사람이 되는 게 아니라, 자기 자신이 되는 거야." 여행도 마찬가지인 것 같다. 무언가를 얻으러 가는 것이 아니라 세상 사람들에게 길들여진 가짜 나를 버리고, 온전히 낯선 세상에서 진짜 나를 찾는 것이다. 여행지에서 먹는 음식이 무슨 맛이 나는지 모른 채 시도해보고 새로운 맛을 접하고 내가 '이런 맛을 좋아했구나.' 하고 나와 한 발짝 더 친해지는 여행 말이다.

푸켓 여행에서 툭툭이를 타고 공항을 가던 중 우연히 트럭 밖으로 고개를 내밀었다. 쏟아질 듯한 밤하늘의 별들을 보며 별이 더욱 좋아지기 시작했다. 그리고 캐나다에서 집으로 돌아가는 길에 언덕길을 오르며 마주친 어느 날 밤 눈앞을 가득 채운 슈퍼문을 본 뒤 달에게 푹 빠져버렸다.

경쟁이 반복되고 바쁘게 흘러가 버리는 현대사회에서 온전한 나를 찾기란 쉬운 일이 아니다. 억지로 시간을 내어 나를 찾는 시간을 만들어 줘야지만 겨우 나에 대해 생각할 시간이 생긴다.

여행에서 중요한 것은 정답이 아니라 질문 그 자체이다. '나는 누구인 가?'를 깊이 생각하고 나를 온전한 나로 만들어줄 수 있는 것이 바로 여행이다. 그래서 나는 혼자 하는 여행을 추천한다. 친구와 가족과 함께 가도 좋지만 함께하는 여행 도중에라도 꼭 혼자 여행하는 시간을 가져보기를 바란다.

참 재미있는 게 같은 곳을 여행해도 여행하는 사람에 따라서 보고 느끼고 생각하는 것이 정말 다르다. 자기만의 길을 가야 그 안에서 느끼는 기쁨과 감동이 온전히 자기 것이 된다. 인생을 살면서도 자기만의 길을 간다는 것이 쉽지만은 않다. 특히 대한민국에서 다수의 의견을 반해서 살아간다는 것은 엄청난 용기를 내야지만 가능한 일이다.

일단 가장 가까이 있는 가족들부터 설득하지 못한다면 하고 싶은 일을 하고 살기란 녹록지 않다. 나도 여행을 반대하는 부모님께 거짓말을 하고 몰래 비행기를 탄 적도 있다. 물론 전화 연결이 되지 않는 바람에 하루 만에 들통나기도 했지만 이미 비행기를 탔기 때문에 부모님도 어쩔 도리가 없으셨다.

지금 생각해도 죄송하긴 하지만 과거의 용기 있는 나에게 박수를 보낸다. 아마 그때 그렇게라도 가지 않았다면 나는 평생 여행을 다니지 못했을지도 모른다.

나는 젊은 친구들에게 무조건 외국어를 공부하라고 한다. 그리고 여행을 떠나라고 권하고 싶다. 단순히 SNS 업로드용으로 여행을 가라는 것이 아니다. 그 안에서 생각을 넓히고 진정으로 본인이 원하는 것이 무엇인지 자기 자신과 많은 대화를 하길 바란다.

우리나라에선 많은 사람들이 물질적 가치를 중요하게 생각한다. 물론 '돈'이 매우 중요하다. 하지만 사람들이 살아가는 이유에 대해서 잊어버리고 사는 경우가 많다. 여행을 통해서 본인의 꿈을 찾고 그 꿈을 이루기 위한 동기부여의 장으로 여행을 활용했으면 좋겠다. 낯선 길 위에서 다름을 인정하는 법을 배우고 익숙한 것을 버리고 변화하는 용기도 터득했으면 한다.

내가 또다시 여행계획을 세우고 짐을 꾸리는 이유는, 세상의 편견에 갇혀버린 나를 다시 꺼내어 여행을 통해 나에게 새로운 눈을 가지게 해주려는 것이다. 우물 안에 갇혀버린 물고기는 우물이 온 세상인 줄 알고 살아간다.

하지만 나는 더 큰 세상을 보고 더 많은 사람들과 이야기하며 더 벅차고 가슴 뛰는 삶을 살고 싶다. 여행길 위에서 잠시 멈춰서서 바라볼 때 내가 어디를 향해 가고 있는지 가장 잘 보이기 때문이다. 그게 우리가 여

행하는 이유이자 여행의 의미이며 내가 17개국을 여행하고 알게 된 교훈

이다.

02

아, 오늘도
너 때문에 망했다!

.그릇이 작은 사람일수록 성공하면 그것을
제 자랑으로 삼고, 실패하면 남의 탓으로 돌린다.

– 채근담 –

초등학교에서 아이들을 가르칠 때의 일이다. 나는 34명씩 네 학급의
학생들을 가르쳤다. 학교는 작은 사회와 같아서 우리 사회 안에서 일어
나는 크고 작은 모든 일이 다 일어나기 마련이었다.

어느 반에나 반장 역할을 하는 친구들이 있고, 개인의 성향이 강해서
다른 친구들과 어울리기 힘들어하는 친구도 있다. 그리고 안 좋은 결과
가 생겼을 때 꼭 남 탓을 하는 친구들이 있다.

이런 친구들은 습관처럼 "아, 너 때문이야."라는 말을 내뱉는다.

모든 일에는 원인이 있기 마련인데 남 탓을 하는 친구들은 항상 "나는 잘못이 없고 너 때문에 결과가 안 좋아졌다."라고 우기기 때문에, 주변 친구들도 시간이 지나면서 점점 그 친구와 관계가 멀어지게 된다. 그러면 이런 친구들은 가끔 자신의 분을 이기지 못하고 소리를 지르면서 울거나 폭력적인 행동을 하기 때문에 계속 문제아로 낙인찍히는 악순환이 반복되기도 한다.

이런 상황들은 어른들에게서도 쉽게 찾아볼 수 있다. 아마 직장에서 그리고 친한 친구들 사이에서 심지어는 가족끼리도 한 번씩은 남 탓을 하는 모습을 관찰했을 것이다. 나도 자랄 때 실수를 하게 되면 엄마에게 혼나지 않으려고 동생에게 내 잘못을 뒤집어씌우기도 했다.

우리가 다른 사람에게 비판을 받거나 그로 인해 당황하게 될 때 타인에게 나를 방어하기 위해 남 탓을 하거나 거짓말을 하는 경우는 누구나 한 번쯤 경험해 봤을 것이다. 뉴스를 보면 연예인들의 기사를 많이 접할 수 있다. 대표적으로 가수 유승준의 예를 들면, 한때 대한민국 바른 청년 이미지로 대중들에게 많은 사랑을 받았지만 군대 문제가 야기되면서 미국으로 추방됐고 아직까지도 돌아오지 못하고 있다. 만약 그때 본인의 잘못을 인정하고 책임을 지는 모습을 보였다면 아직도 왕성한 활동을 할 수 있지 않았을까?

내 친구 중 한 명은 매번 약속 시간에 늦는다. 열 번 중 아홉 번은 이 핑계 저 핑계를 대며 약속 시간을 지키지 않는다. 시간약속을 꽤 중요하게 생각하는 나로서는 그 친구를 만날 때마다 신경이 곤두서고 짜증이 났다. 그런데 어쩌다 한 번 내가 늦게 되면 그 친구는 본인이 늦었던 것은 생각도 안 하고 나 때문에 일이 복잡해졌다며 만나는 내내 불평을 해댔다.

아마 나도 누군가에게 이런 모습으로 비쳐진 적이 있었을 것이다. 나뿐만 아니라 모든 사람이 자신이 틀렸다는 것을 인정하기 어려울 것이다. 하지만 세상에 실수를 하지 않는 사람은 실제로 존재하지 않는다. 아무리 세상에서 존경받고 높은 위치에 있는 사람이라도 사람이기 때문에 실수를 하고 잘못을 하기도 한다.

이렇게 남을 탓하는 습관을 어떻게 하면 개선할 수 있을지 생각해보았다. 먼저 내가 완벽한 사람이 아니라 실수할 수도 있는 사람이라는 사실을 인정해야 한다. 다른 사람 때문이 아니라 나의 잘못이라고 먼저 인정하는 순간 다른 사람에게 화살을 돌리는 것을 멈출 수 있을 것이다. 건강한 방식으로 문제를 해결하려고 하는 것이 더 나은 사람이 되는 또 다른 방법이다. 이것이 처음부터 쉽게 되지는 않을 것이다. 하지만 비록 연습이 필요하다고 해도 분명 그럴 만한 가치가 있을 것이다.

뉴스에서 보면 지금 우리 사회는 아주 작고 사소한 일에서부터 무서운 범죄 행위에 이르기까지 자신의 잘못을 쉽게 남이나 환경 탓으로 돌려버린다. 이처럼 남을 탓하는 습관은 분노나 좌절의 기분을 느끼며 스트레스를 받기도 하고 자신의 인생에 무력감을 느끼게 한다. 그리고 자신의 불행한 삶을 사회나 부모 탓으로 돌리게 되어 결국 행복한 인생을 살 수 없게 만든다.

우리나라 속담에 '잘되면 내 탓이요 안되면 조상 탓'이라는 말이 있다.

"내가 가난한 건 부모 탓
내가 취직이 안 되는 건 나라 탓
아내가 바람 피우는 건 남편 탓
시험을 잘못 본 것은 어려운 문제를 낸 선생님 탓
직장에 지각하면 늦게 깨워준 마누라 탓
거기다 자신의 가게가 망한 것은 무조건 대통령 탓"

이렇게 말하는 사람들이 있다. 노력도 안 하면서 일이 잘 안된다고 하는 경우가 많은데 이런 경우는 대부분 본인의 진로를 잘못 찾았거나 세상의 기대와 내 삶의 방향이 다르기 때문인 경우가 많다. "너 때문에 망쳤다."라는 말은 "남이 바뀌어야 내가 잘된다."라는 말과 같다. 그렇다면 내가 잘되려면 누가 바뀌어야 맞을까?

남을 바꾸는 게 쉬울까? 나를 바꾸는 게 쉬울까?

나를 바꾸는 일이 훨씬 쉬울 것이다. 아직도 여전히 남 탓만 하는 사람이 있다면 이제는 그만 멈추길 바란다. 자기 인생은 그 누구도 바꾸어줄 수 없다. 오직 나만이 내 인생을 바꿀 수 있기 때문이다. 우리가 인생을 살다 보면 예기치 않게 많은 일이 일어난다. 그럴 때마다 남에게 의지하는 사람들이 있다. 하지만 남에게 의지하는 삶은 오래가지 못한다.

결국 아무리 어려운 상황이라도 나 자신을 믿고 내가 할 수 있는 일을 하나씩 해나간다면 나의 자존감도 함께 높아질 것이다. 그리고 나를 먼저 올바른 방향으로 바꾸는 노력을 하는 것이 내 인생을 바로잡는 유일한 방법이 될 것이다.

03

내 힘으로 바꿀 수
없는 문제라면

생각을 바꾸면
세상이 바뀝니다.

– 노먼 빈센트 필 –

인생이 마음먹은 대로만 된다면 세상을 살아가는 일은 아무 걱정이 없을 것이다. 대부분의 사람은 '인생이 내 뜻대로 되는 게 하나도 없다.'라고 생각한다. 내가 가고 싶은 학교에 가지 못하고 내가 취직하고 싶은 회사에 마음대로 취직하지 못한다. 그리고 내가 결혼하고 싶은 사람과의 결혼도 쉽게 이루어지지 않는다.

어느 날 TV를 보다가 MBN에서 방송하는 예능프로그램 〈동치미〉를 보게 되었다. 그날 방영된 주제가 바로 '인생은 마음먹기 나름'이었다. 뜻대로 되지 않는 우리 인생의 주제에 대해 패널들이 본인의 경험담을 재미있게 이야기하는 내용이었다.

첫 번째 주제는 '인생에서 뜻대로 되지 않는 것, 결혼'이었다. 이 주제 처럼 정말 결혼은 뜻대로 되지 않는 것 같다. 나는 20대 후반부터 단골 멘트로 들었던 인사가 바로 "시집가야지!"였다.

그때 당시 친구들은 여자 나이 스물아홉이면 마지노선이라고 생각하 고 서둘러 결혼하는 친구들도 많았다. 대학교 동창들은 일곱 명이 모임 을 하는데 나를 제외하고 모두 20대에 시집을 갔다. 심지어 여자 나이는 크리스마스 케이크와 같다며 24일이 제일 잘 팔리고 25일까지는 괜찮은 데 26일부터는 똥값 취급을 받는다는 농담까지 하는 사람들도 있었다.

나는 하고 싶은 일이 많은데 결혼을 하면 제약이 많을 것 같았고 살림 과 육아에 취미가 없는 내가 결혼을 해서 잘할 수 있을지 걱정도 많았다. 그리고 일을 하면서 살림과 아내의 도리를 다할 자신이 없었다. '결혼에 대해 진지하게 해야 할까? 한다면 언제 하는 게 좋을까?'에 대해 생각해 본 적이 있지만 내가 결혼하고 싶은 나이에 할 수 있는 것도 아니고 결혼 하고 싶은 사람이 쉽게 나타나지도 않았다. 하지만 부모님과 주변 지인 들, 친척들의 기대에 부응하지 못해 항상 죄인이 된 기분으로 명절을 맞 이해야 했다.

나보다 두 살 어린 동생이 먼저 시집을 가서 그나마 부모님의 관심이 분산되기는 했지만, 시집을 가지 않은 나는 우리집에서 늘 애물단지 취급을 받는다. 30대 초반까지만 해도 시집가라는 친척들의 말을 듣기 싫어서 미리 해외여행을 예약해 명절에 비싼 돈을 내고 여행을 떠난 적도 있다.

나보다 먼저 시집간 친구들은 싱글인 나를 보며 의견이 분분하다. 절반은 너무 좋다고 빨리 시집가라고 하고, 절반은 능력만 있으면 절대 가지 말라고 한다. 나는 결혼을 해야 하는 것인가, 하지 말아야 하는 것인가 몹시 혼란스러울 때가 많았다.

나는 결혼을 할지 안 할지 아직도 정확한 결론을 내리지는 않았다. 다만 세상의 기준에 이끌려, 나이가 차서 사랑하지도 않는 사람과 결혼을 하는 것은 반대다. 결혼은 정말 내가 하고 싶은 사람이 나타났을 때 그때 자연스럽게 하고 싶다는 게 나의 의견이다.

친구들은 다 결혼하고 나만 남아서, 지금 하지 않으면 안 될 것 같아서, 더 좋은 남자를 못 만날 것 같아서, 나이 때문에 조급해하면서 결혼을 선택하는 젊은 여성들이 있다면 잠시 눈을 감고 본인의 5년 후 모습을 상상해보라. 만약 5년 후 그려지는 본인의 미래가 자신이 원하는 모습이 아니라면 본인을 믿고 조금 더 버텨보길 바란다. 결혼에 대한 세상의 기준을 바꿀 수는 없지만 모든 선택은 내가 할 수 있으니 말이다.

인생에서 내 뜻대로 안 되는 것 두 번째는 건강이다. 패널 중 한 사람인 류시현은 다음과 같이 말했다.

"나는 올 초에 한 건강 프로그램에서 출연자 중 무릎이 가장 건강한 사람으로 뽑힐 만큼 건강한 무릎을 가지고 있었다. 하지만 방송 일주일 후에 운동을 하다 넘어지면서 무릎 인대가 끊어지는 사고가 났다. 그 일로 '정말 건강은 내 뜻대로 될 수가 없다'는 생각이 들었다."
(참고: 〈매일경제〉, "'동치미' 인생은 마음먹기 나름?…'내 뜻대로 되는 게 하나도 없어'", 2016.10.19.)

그렇다. 건강은 누구도 자신해서는 안 되는 부분이다. 나도 싱글이기 때문에 가장 걱정되는 부분이 바로 건강이다. 그래서 더 몸에 좋은 건강식품을 챙겨 먹으려고 하고 일부러 시간 내서 운동도 하려고 한다. 체력은 정말 하루가 다르게 떨어지는 것을 느낀다. 예전에는 유연성만큼은 자신 있었던 나였는데 요즘은 몸을 접어보려고 해도 팔이 발끝에 닿는 것조차 힘이 든다. 심지어 오래 걸으면 다리가 불편해서 병원 치료까지 받아야 할 정도가 됐다. 정말 내 몸이 내 뜻대로 되지 않는다는 것을 느낀다.

또 다른 패널 재클린은 건강에 대해 다음과 같이 말했다.

"스트레스를 받아 살이 70kg까지 쪘었다. 일이 끝나면 음식을 네 개씩 시켜서 먹곤 했다. 하루는 길을 걷다가 앞에 뚱뚱한 여자가 지나가길래 정말 한심하다고 생각했는데, 쇼윈도에 비친 내가 더 뚱뚱하더라. 내가 살이 찌니 고객도 반으로 줄고 자존감이 바닥으로 내려갔었다. 그날부터 다이어트를 시작해 48kg까지 살을 뺐다."

나도 평생 44사이즈를 유지하며 살아왔다. 하지만 30대 중반이 되자 하루에 1kg씩 체중이 늘더니 60kg까지 육박했던 적이 있었다. 내 체중의 앞자리가 '6'이 되다니! 앞자리가 바뀐 충격에 샐러드를 주문하고 안 하던 운동을 하기 시작했다. 하지만 먹는 것은 줄었는데도 체중이 쉽사리 빠지지 않았고 다이어트 중이라는 강박 때문에 치킨, 피자, 야식이 너무 먹고 싶어서 밤마다 스스로 전쟁을 치러야 했다.

이렇게 내 체중 하나조차 내 맘대로 되지 않는 것이 우리 인생이다. 2014년 tvN에서 방영됐던 드라마 〈미생〉에서 내가 좋아하는 명대사가 있다. 주인공 장그래가 어릴 적 바둑 스승에게 들은 인생 조언이다.

"네가 이루고 싶은 게 있다면 체력을 먼저 길러라. 네가 종종 후반에 무너지는 이유, 데미지를 입은 후 회복이 더딘 이유, 실수한 후 복구가 늦은 이유, 모두 체력이 약하기 때문이다. 체력이 약하면 빨리 편안함을 찾게 되고 그러면 인내심이 떨어지고, 그리고 그 피로감을 견디지 못하면 승부 따위는 상관없는 지경에 이르지. 이기고 싶다면 네 고민을 충분히 견뎌줄 몸을 먼저 만들어. 정신력은 체력의 보호 없이는 구호밖에 안 돼."

이 명대사처럼 내가 아무리 큰 이상과 꿈을 가지고 있다고 하더라도 내가 충분히 고민하고 노력하고 싸울 수 있는 체력이 뒷받침되지 않는다면 그저 구호에 지나지 않는다. 그러니 세상이 내 맘대로 되지 않을 때는 한 걸음 더 노력할 수 있는 체력부터 길러보자!

그렇다면 인생이 뜻대로 되는 것이 행복할까? 아니면 뜻대로 되지 않는 것이 행복할까? 동치미 패널로 등장했던 재클린은 다음과 같이 말한다.

"지금 생각해도 나는 학창 시절 때 정말 공부를 못하는 날라리였다. 인생 계획은커녕 정말 아무 생각 없이 살았던 것 같다. 그러다 우연히 친한 친구가 미용학원을 다니는 걸 보고 같이 다니기 시작하다가 흥미를 느끼게 되었다. 그렇게 명동에 입성했고, 29세에 한 달 수입이 1,000만 원이 넘었다.

하루는 고등학교 동창회에 나갔는데 학창 시절 공부도 안 하고 문제아였던 내가 너무 부끄러웠다. 그래서 마음속으로 '너희가 대학 등록금을 낼 때 난 성공해서 돈을 벌고 있어.'라고 생각하고 더 열심히 했다. 그렇게 해서 청담동에 진출했고, 변호사, 재벌가, CEO 등 대한민국 1%의 고객들만 상대하는 내가 되었다. 단 한 번도 계획을 짜고 실천해본 적은 없지만 하고 싶은 일을 꾸준하게 하다 보니 지금의 내가 있게 됐다."

(참고: 〈매일경제〉, "'동치미' 인생은 마음먹기 나름?...'내 뜻대로 되는 게 하나도 없어'", 2016.10.19.)

이렇듯 우리의 인생은 어떻게 흘러갈지 누구도 알지 못한다. 다만 흘러가는 길 위에서 최선을 다하고 더 나은 결과를 만들어내기 위해 노력할 뿐이다. 살다 보면 내 힘으로 바꿀 수 없는 문제들이 수도 없이 일어난다. 돈 때문에 삶을 포기하려는 사람도 있고, 사랑 때문에 매일 밤을 술로 지새우기도 한다. 가장 가까운 가족 때문에 상처받고 완전히 다른 인생을 살게 된 사람들도 있다.

만약 지금 내 힘으로 바꿀 수 없는 문제로 힘들어하는 사람들이 있다면 이렇게 말해주고 싶다. "이 또한 지나간다." 그리고 지금 당장 힘든 상황을 바꿀 수 없다면 생각을 바꾸어보라고, 그것이 고통에서 벗어나는 가장 빠른 길이라고 말이다. 희망을 가지고 지금보다 더 안 좋은 상황이 아니라서 다행이라고 생각하며 묵묵히 살다 보면 지금 힘든 시간이 교훈이 되어 더 나은 삶을 살게 될 것이다.

04

삶이란
선택의 연속이다

때때로 아주 작은 선택이
당신 평생의 삶을 바꾸기도 한다.

– 케리 러셀 –

1993년에 MBC〈일요일 일요일 밤에〉라는 프로그램의 한 코너로 개그 맨 이휘재가 출연했던 '인생극장'이라는 코너가 있었다. 이휘재의 유행어 "그래, 결심했어."가 대유행을 하기도 했다. 이휘재의 인생극장은 우리가 인생을 살면서 고민이 되는 순간에 주인공이 어떤 선택을 하는지에 따라 주인공의 인생이 달라지는 것을 예능 드라마를 통해 재미있게 각색해서 보여주는 프로그램이었다. 동전의 앞면과 뒷면처럼 인생의 갈림길에서 의 선택은 누구에게나 일어날 수 있는 일들이다.

이 예능 프로그램의 첫 주제는 '애인을 버리고 돈 많은 여자와 결혼할

것인가?' VS '가난한 애인과 결혼할 것인가?' 였다. 아마 누구나 한 번쯤
은 두 사람 중에 누구를 선택할 것인지에 대해 고민해본 적이 있을 것이
다.

두 갈림길 중 이휘재의 선택 A는 '돈 많은 여자와의 결혼'이었다. 가난
한 가수 지망생이었던 애인(탤런트 신은경)을 버리고 부잣집 여자와 결
혼한 이휘재의 결혼생활은 행복하지 않았다. 매일 예쁘냐고 묻는 부인을
옆에 두고 TV를 보던 어느 날 자신의 옛 애인이 유명한 가수로 성공해서
티비에 나오는 장면을 보게 되었다. 그녀는 아직도 너무나 아름답고 사
랑스러웠다. 외모 콤플렉스가 있던 현 부인(개그우먼 이영자)은 성형외
과에 가서 이휘재가 좋아하던 옛 애인의 모습으로 수술을 하고 돌아온
다. 옛 애인이 다시 돌아온 것으로 착각한 이휘재는 현재 부인인 줄 모르
고 본인의 불행한 결혼생활을 고백하며 결국 파경을 맞이하게 된다.

선택 B는 '가난한 애인과의 결혼'이었다. 사랑은 있었지만 3년이 지난
뒤에도 성공하지 못하고 여전히 가난에서 허덕이던 어느 날 길거리 노점
에서 티셔츠를 팔던 이휘재는 우연히 멋진 차를 타고 가던 이영자를 만
나게 되고 아직도 이휘재를 좋아한다는 말에 이영자의 아빠에게 결혼 허
락을 받으러 간다. 마침 신은경도 길거리 캐스팅을 당해 CF를 찍으러 가
는데, 둘은 이영자 아빠네 사무실에서 마주치게 된다. 결국 신은경은 이

영자네 회사 CF모델이 되고 광고료를 받으며 둘의 인생은 행복하게 끝이 나는 스토리였다. 예능이기 때문에 권선징악의 모습을 많이 표현하긴 했지만 한 사람의 선택이 얼마나 다른 결과를 만들어내는지를 보여줬던 프로그램이라서 많은 인기가 있었던 것 같다.

나 역시 만약 스무 살에 만났던 남자친구와 결혼을 했다면 나는 아마 지금과는 다른 인생을 살고 있을 것이다. 아이를 낳고 엄마로서, 아내로서 살고 있었을지도 모른다. 그리고 지금처럼 많은 여행을 다니지도 못했을 것이고 하고 싶은 일을 하는데도 제약이 많았을 것이다. 아마 많은 사람들이 '그 당시 누군가를 만나지 않았더라면, 그곳에 가지 않았더라면 지금의 나와 다르게 살고 있을 텐데.' 하고 생각할 것이다. 후회나 미련이 남았을 수도 있고 다행이라고 생각하는 사람들도 있을 것이다. 이렇듯 인생은 어떤 선택을 하느냐에 따라서 인생 전체가 달라지기도 한다.

특히 진로 선택이나 결혼, 출산, 취직 같은 인생의 큰 선택은 당연히 우리에게 쉽게 지나치지 못하는 큰 선택일 것이다. 그렇다면 우리는 왜 선택을 잘해야 하는 것일까? 그리고 어떻게 하면 더 나은 선택을 할 수 있을까?

선택을 잘해야 하는 이유는 우리의 시간은 유한하고 만약 우리가 계획을 잘 세워서 더 많은 옵션을 가질 수 있다면 최고는 아니지만 최선의 선택을 할 가능성이 높기 때문이다.

나는 어떻게 하면 시행착오를 줄일 수 있을지 고민한 끝에 경험을 해보는 것이 가장 좋다는 결론을 내렸다. 만약 우리에게 시간이 무한하다면 고민하지 않고 하고 싶은 모든 일을 해보는 것이 가장 좋을 것이다. 헤어 디자이너가 되고 싶으면 헤어 디자이너를 해보고, 맞지 않으면 다시 다른 일을 찾아서 공부하고, 선생님이 되고 싶으면 선생님도 해보고 또 맞지 않으면 다른 일을 찾아볼 수도 있을 것이다. 하지만 모든 일을 다 경험해 보기에는 우리에게는 시간이 넉넉하지 않다.

그렇기 때문에 책이나 드라마를 통해 우리에게 일어날 수 있는 상황을 미리 접하고, '같은 상황에 나라면 어떤 선택을 했을까?'라고 미리 생각해보는 것도 최선의 선택을 하기 위한 한 가지 방법이다. 막상 나에게 어떤 일이 일어났을 때는 대부분 당황을 하거나 정신이 없어 쉽게 할 수 있는 선택을 하는 경우가 종종 있기 때문이다.

간접 경험을 하는 또 다른 방법 중 다른 하나는 먼저 겪어본 사람들에게 물어보는 것이다. 내가 가고 싶은 직장이 있다면 그 직장을 다니고 있는 사람을 찾아가 물어보는 것도 좋은 방법이다. 왜냐하면 모든 일에는 장점뿐 아니라 단점도 있기 때문에 직접 겪고 있는 사람들에게 물어보는 것이 가장 정확하기 때문이다. 그 단점도 내가 헤쳐나갈 수 있는지 없는지도 중요하기 때문이다.

또 다른 예로 아이를 처음 낳아본 사람은 아이를 어떻게 돌봐야 하는지 알지 못한다. 아이가 아플 때, 아이가 체했을 때, 아이에게 갑자기 무슨 일이 생겼을 때 응급 대처법에 대해서 먼저 아이를 키워본 사람들에게 물어봐야 가장 정확한 답을 찾을 수 있다. 아이의 교육관에 대해서도 의견이 다른 부부가 많다. 몇 살 때부터 영어를 가르칠 것인지, 몇 살 때부터 사교육을 할 것인지에 대해서도 미리 생각해보고 나의 선택을 정리해두는 것도 최선의 선택을 하는 좋은 방법이다.

대신 고민은 많이 하되 어떤 선택을 한 뒤에는 절대 후회하지는 말라고 말하고 싶다. 세상에 완벽한 선택은 없다. 본인의 선택에 책임을 지고 그 선택 안에서 배우는 것이 있으면 그것으로 충분하다. 이명수 기자의 〈오마이뉴스〉 연재 글 중 한 문구이다.

"곧고 빠른 길이 최고라고 생각했다. 그런데 지금은 생각이 바뀌었다. 산행을 하더라도 빨리 갈 수 있는 지름길보다는 천천히 이곳저곳 주변을 돌아보면서 갈 수 있는 그런 길을 택하여 걷는다. life라는 단어에는 if가

들어 있다. 이것을 나는 삶 속에 다양한 가능성이 존재한다는 의미로 해석한다. 앞으로도 수많은 갈림길을 만날 것이다. 이해득실을 따지기보다 인간적으로 성숙하고 아름다운 선택을 하는 사람이 되고 싶다."

앞으로도 우리의 삶은 많은 선택의 연속일 것이다. 인생은 B(Birth)와 D(Death)사이의 C(Choice)라는 말이 맞는 것 같다. 누군가 대신 해줄 수 없는 이 선택과 책임 사이에서 당신이 행복할 수 있는 선택을 하길 바란다. 선택에 의한 행복도 그리고 책임도 모두 본인 스스로 선택했을 때 더 값진 법이니까.

05

누군가의 기준에
당신을 맞추지 말아라

시간이 없습니다.
누군가를 위해 당신의 삶을 버리지 마세요.

- 스티브 잡스 -

"결혼은 하셨어요?"

"아이는 있으시죠?"

"나이가 좀 있으신데 모아놓은 돈은 있으시죠?"

주변에서 처음 만날 때마다 흔히 듣는 이야기이다. 올해 서른일곱이
된 나는 세상의 기준으로 보면 결혼을 할 나이가 한참 지났다. 사람들은
나를 볼 때마다 안타까워하면서 "얼른 시집가서 아이 하나 낳아야지."라
는 걱정 어린 조언을 한다. 나는 커다란 죄를 지은 것처럼 "아직 결혼 생
각이 없어서요."라고 답하면 "에이~ 그래도 남들 다 가는데 더 늦기 전

에 가야지."라는 답이 돌아온다. 나에게 아무도 '왜 결혼을 해야 하는지' 납득이 가게 설명해준 사람이 아직 아무도 없다. "모두 그래도 가야지, 당연히 가야지, 때가 됐으니 가야지."라는 두리뭉실한 대답만 해준다. 차라리 "나 혼자 모르고 간 게 억울해서 너도 당해봐."라고 이야기하는 편이 더 솔직하게 느껴진다.

나의 생각은 중요하지 않고 '세상의 기준'이 중심이 되는 것은 이뿐만이 아니다. 우리는 늘 다른 사람의 평가를 받고 산다. 학생들은 "공부는 잘하니?"라는 평가, 수험생들은 "대학은 어디 갔어?"라는 평가, 취준생들은 "어디에 취직했니?"라는 평가, 결혼할 때는 "신랑은 뭐 해?"라는 평가, 결혼하면 "아이는 언제 가져?"라는 평가, 첫째 낳으면 "둘째는…"이라는 세상의 기준이 끝도 없이 이어져 있다.

나이를 먹을수록 우리가 짊어지고 가야 하는 기준들은 더욱 많아진다. 자녀도 잘 키워야 하고 연로하신 부모님도 잘 모셔야 한다. 나이가 있으니 집도 한 채 있어야 하고 노후대책도 잘해놓아야 한다. 나이에 걸맞은 멋진 차도 타야 하고 결혼식장에 들고 갈 명품백도 한 개쯤 있어야 한다. 거기에 경조사 때마다 잊지 않고 사람 도리도 잘하고 살아야 한다.

이렇게 세상의 기준에 따라가다 보면 나도 모르게 어느 순간 숨이 턱

턱 차오를 때가 있다. 자식 노릇, 아내 노릇, 엄마 노릇을 하기가 너무 벅차기 때문이다. 우리는 언제나 좋은 사람으로 평가받고 살아야 한다는 강박관념이 있다. 나도 직장생활을 할 때 '착한 사람 콤플렉스'가 있었다. 내가 할 수 있는 일은 모두 도맡아 하고 내 일이 아닌 일까지도 부탁을 하면 거절을 못 했다. 다른 사람에게 부탁을 들어주지 않는 나쁜 사람으로 기억되고 싶지 않았기 때문이었던 것 같다.

이렇게 나처럼 다른 사람의 '나에 대한 평가'를 계속해서 의식하고 상처받는 사람들에게 "신경 쓰지 마."라고 하는 말은 사실 아무 도움이 되지 않는다. 그리고 이 세상을 나 혼자 살아갈 수도 없는 노릇이다. 그렇다면 우리가 다른 사람과 함께 잘 어울려 지내면서도 내가 나만의 기준으로 행복해질 수 있는 방법은 뭐가 있을까?

첫째, 내가 다른 사람을 의식한다는 것을 인정해야 한다.
심지어 가족 간에도 지나친 관심 속에 서로 상처받는 사람들도 있다. 형은 평생 부유한 삶을 유지하며 잘사는데 동생은 열심히 살아도 계속 팍팍한 삶을 유지할 수도 있고, 언니는 외모 콤플렉스가 있는데 동생은 빼어난 외모로 평생 동생과 비교를 당하며 살아가는 경우도 있을 것이다. 이런 상황들은 내 힘으로 바꾸기 힘든 부분들이다. 그래서 계속 스트레스를 받기보다는 내가 다른 사람을 의식한다는 사실을 받아들이는 편이 행복해지는 방법이다.

둘째, 나도 타인을 평가한다는 사실을 기억하고 나부터 그만두어야 한다.

내가 싫은 것은 남도 싫기 마련이다. 하지만 내가 누군가에게 평가받는 것이 싫으면서도 나조차도 나도 모르는 사이 남을 평가하고 있다. 어느 날 친구들과 대화를 하던 중 "그 친구 결혼한 지 꽤 됐는데 왜 애기가 없어?"라고 물었다. 친구는 "응 안 생기나 봐."라고 대답했다. 만약 본인이 들었다면 무척 속상할 대화 주제였다. 머릿속으로는 조심해야지 하면서도 나도 습관적으로 누군가를 나의 기준에 맞춰 판단하고 나와 맞지 않으면 이상하다는 프레임을 씌워버리고 있었다.

셋째, 다른 사람의 험담은 차단하자.

흔히 오지랖이라고 한다. 나와 상관없는 문제들인데도 이래라저래라 말을 옮기고 남의 말을 쉽게 하는 사람들이 있다. 누군가 내 앞에서 다른 사람의 험담을 하는 사람이 있다면 계속 호응해주거나 듣고 있지 말고 딱 잘라서 "그건 그 사람들의 문제야! 내 앞에서 이야기하지 말아줘"라고 당당하게 차단할 줄도 알아야 한다.

넷째, 롤모델을 찾아라.

내비게이션 없이 길을 찾아가는 것은 몹시 어려운 일이다. 내가 살고 싶은 방향대로 살고 있는 멘토를 찾아라. 그 멘토를 관찰하고 모방하는 것이 가장 빨리 성공하는 지름길이다. 그리고 여기서 중요한 점은 멘토를 정했으면 멘토 이외의 주변 말은 차단하는 것이 좋다. 내가 성공하고 싶다면 성공한 사람의 말을 따르고 듣는 것이 맞는데 주변 가족과 친구들의 말을 듣다 보면 혼란스럽고 쉽게 마음이 흔들리면서 멘토의 말이 사실인지 의심하게 되고 포기하게 된다. 주변 사람들부터 설득해야 하는 힘든 상황을 일부러 만들지는 말자.

세상의 속도에 맞추어 살다가 잠시 멈춰 섰을 때, 나는 머릿속이 하얘지는 경험을 한 적이 있다. 남들이 부러워할 만큼의 직업과 커리어를 가지고 있었는데도 늘 나보다 더 잘난 사람들과 비교하게 되고 늘 허전한 느낌이 들었다. 나는 내 삶의 주인이 아닌 사회에서 정해놓은 표준화 된 기준에 들어가기 위한 사람일 뿐이었다. 내가 무엇을 생각하고 느끼고 사는지도 모른 채 세상의 부품처럼 살고 있었던 것이다. 내 삶의 기준이 타인에게 있다 보면 늘 긴장을 하고 살게 된다. 누군가 그냥 던지는 돌에도 온 세상이 흔들리듯 흔들려버린다.

그래서 나만의 가치와 나만의 기준이 필요하다. 타인이 건네는 기준을 받아들이는 순간, 우리는 다른 사람이 원하는 삶을 살게 된다. 결국 스스로 결정하는 것처럼 보이지만 세상의 기준을 충실히 따르는 사람이 되어 버린다. 세상의 속도를 열심히 따라가기 때문에 눈앞에서는 발전하는 것처럼 보이겠지만 사실은 나를 잃어버리고 있는 과정일지 모른다.

디렉터 없는 삶.
힘들지만 분명 가치 있는 일이다.

자신의 의미와 가치를 스스로 결정하는 능력을 키움으로써 원하는 것을 스스로 쟁취하고 본인이 진짜 원하는 삶을 찾아가는 과정의 즐거움을 찾길 바란다.

06

익숙함을 거부하고
의식을 전환하라

사람의 삶에는 중요한 선택지가 있다. 그것은 무언가를 존재하고 있는 대로 인정할지,
아니면 그것들을 변화시키고 책임을 질 지에 대한 선택지이다.

- 월트디즈니 -

친구와 뉴욕을 여행할 때 이야기이다. 서로 여행하고 싶은 곳이 달라서 우리는 각자 여행을 한 뒤 뉴욕에서 가장 높은 건물 중 하나인 엠파이어 스테이트 빌딩에서 만나기로 했다.

이 빌딩은 뉴욕에서도 초고층 빌딩의 상징 같은 건물이라 수많은 영화의 배경으로 등장했다. 영화 킹콩에서 킹콩이 빌딩 꼭대기로 올라가는 장면은 두고두고 기억에 남는 명장면이고, 〈시애틀의 잠 못 이루는 밤〉에서는 두 남녀 주인공의 사랑이 시작되는 곳이다. 뉴욕 야경을 배경으로 빌딩 외벽에 하트가 그려지는 엔딩 장면이 유명하다.

나는 여행을 마치고 휴대폰 지도를 켜서 친구가 알려준 주소에 도착했다. 그런데 아무리 둘러보아도 친구가 말한 건물이 보이지 않는 것이다. 나는 휴대폰 로밍 서비스를 이용해 친구에게 전화를 걸어서 위치를 다시 물어보았다.

"너 지금 앞에 뭐 보이는지 말해봐."

"지금 앞에 강이랑 자유의 여신상도 보이고, 건물 숲도 보이고 아! 크라이슬러 빌딩 보여!"

나는 깜짝 놀라 다시 물었다.

"어? 자유의 여신상이 보인다고? 너 어디야? 크라이슬러 빌딩 쪽이야?"

나는 점점 짜증이 나기 시작했다. 우리는 '내 위치 전송' 기능을 이용해 다시 서로의 위치를 확인했고 실시간 위치를 보고 둘 다 깜짝 놀랐다. 휴대폰의 위치는 같은 곳에 있었기 때문이다. 나는 정신을 차리고 다시 주변을 살피기 시작했다. 사람들이 몰려서 들어가는 건물이 있었다. 내 눈에는 분명 사각형 건물로 보였지만 유독 그 건물에만 사람들이 몰려 들어가는 것처럼 보여서 일단 따라 들어가보기로 했다. 그런데 많은 사람들이 줄 서 있는 빌딩 입구 팻말에 엠파이어 스테이트 빌딩이라고 써 있는 것이 아닌가! 나는 순간 머리를 얻어맞은 것 같았다.

나는 1층에 있었고 친구는 엠파이어 스테이트 빌딩 전망대에 있었던 것이다. 같은 곳에 있었지만 서 있는 위치에 따라서 우리가 바라보는 것들이 완전히 달라진다는 것을 깨달았다. 나는 눈에 보이는 것만 믿었다. 내 눈에 그냥 10층짜리 건물이 보여서 저 건물은 절대 엠파이어가 아니라고 생각했다. 계속 다른 건물들만 찾았는데 결국 그 건물이 진짜였던 것이다. 친구는 나보다 먼저와 전망대에 올라가서 나를 기다렸고 전망대에 올라가 보니 정말 그 친구가 말했던 대로 저 멀리 허드슨강과 자유의 여신상이 보이는 것이었다.

나는 그 사건 이후부터 항상 내가 아는 것이 전부가 아니라고 생각하고 거시적으로 생각하려고 노력한다. 그동안 나에게는 끝이 뾰족한 엠파이어 스테이트 빌딩의 이미지가 너무 강렬했던 것이었다. 심지어 그 사물의 실체를 알려고 하지도 않았었다. 나와 같은 실수를 반복하지 않으려면 고정관념을 버리고 항상 가능성을 열어두는 사고방식을 가지는 것도 굉장히 중요하다.

비슷한 예가 한 가지 더 있다. 내가 캐나다 밴쿠버에서 4시간 떨어진 빅토리아 아일랜드에서 어학연수를 할 때이다. 나는 몇 달에 한 번 친한 동생을 만나러 4시간가량 페리를 타고 밴쿠버로 놀러갔다. 밴쿠버는 빅토리아보다 큰 도시라서 구경할 곳도 많고 한인식당도 많았다. 동생들과 이야기 하던 중 다음 달에 미국에서 큰 세일을 하니 시애틀로 쇼핑을 하러 가자는 이야기가 나왔다. 인터넷으로 알아보니 빅토리아에서는 2시간 남짓이면 미국 시애틀에 도착하는 페리가 있어서 오히려 밴쿠버보다 더 가까웠다.

한 달 뒤 우리는 시애틀에서 만났다. 반가운 마음에 허그를 하고 서로의 안부를 물었다.

내가 먼저 "고생했지~ 밴쿠버에서는 몇 시간 걸렸어?" 하고 물었다. 동생은 "버스 타고 오니깐 2시간 정도 걸린 것 같아."라고 대답했다. 나는 깜짝 놀라며 "어? 버스를 타고 어떻게 와? 배 타고 와야지."라고 답하며 말문이 막혔을 때 동생은 "언니 밴쿠버는 미국하고 땅이 붙어 있잖아." 하고 대답하는 것이었다.

갑자기 내 얼굴이 빨개지면서 혼자 너무 부끄러워졌다. 세상에! 섬에 1년 살다 보니 섬사람이 다 됐는지 미국을 배가 아니라 차를 타고 간다는 생각 자체를 하지 못했던 것이다. 섬에서는 이동할 때 비행기 아니면 꼭 배를 타야지만 나갈 수 있었기 때문이다.

나는 스스로 무지 개방적인 사람이라고 생각하고 살았는데 실은 나만의 세상에 갇혀 있었던 사람이었다. 때론 우리에게 익숙함을 버릴 줄 아는 용기도 필요하다. 하지만 익숙한 것을 버릴 용기를 낼 사람은 그리 많지 않다. 그렇다면 왜 사람들은 익숙한 것을 쉽게 버리지 못하는 것일까? 아마 익숙한 것이 편안하고 모르는 것에 대한 두려움이 더 크기 때문일 것이다. 역사적으로 전쟁 다음으로 요즘처럼 세상이 혼란스러웠던 적이 없었을 것이다. 일상이 멈추어 버리고 많은 것들이 단시간에 빠르게 변화했다.

실제로는 우리나라 코로나19 사망자보다 다른 질병과 사고로 사망하는 사람들이 더 많다. 그런데 우리는 코로나19 바이러스에만 왜 이렇게 큰 공포심을 느끼는 것일까? 아마 지금까지 보지 못했던 바이러스에 대한 두려움이 불안함과 공포를 야기시켰기 때문이다. 만약 우리가 알 수 없는 미래에 대한 가이드나 경험치가 있다면 지금처럼 앞날이 두렵지는 않을 것이다.

우리가 낯선 곳을 여행할 때도 혼자 여행을 떠나는 것보다는 가이드가 있는 패키지 여행을 가는 것이 안전하다고 느끼는 것과 같다. 하지만 우리는 혼자 여행을 하면서 많은 것을 느끼고 경험한다. 그리고 그 경험 안에서 학습하고 변화하고 성장하는 것이다. 성장하기 위해서는 내가 부족한 점을 인정하고 채우려고 부단히 노력해야 한다.

　익숙한 것을 버리고 불편한 것들과 마주하는 것, 앎을 버리고 모르는 것으로 새롭게 나 자신을 꽉 채우며 의식을 전환하는 것이 더욱 성장하는 길임을 명심하자.

07

모든 선택에 무조건
YES일 필요는 없다

지금 당신이 어떤 상황이든 이것 하나만은 기억하라.
당신에게는 선택권이 있다는 것을…

– 디팩 초프라 –

즐거운 금요일 오후였다. 불금을 즐기기 위해 친구들과 술 약속을 잡은 뒤 설레는 마음으로 퇴근 시간이 다가오기를 기다리고 있었다. 그런데 동학년 선생님께서 슬그머니 교실 문을 여시며 들어오셨다. 퇴직을 2년 정도 앞두고 계신 선생님이셔서 얼른 자리에서 일어나 인사를 드렸다.

학교에서는 선생님들이 학교 업무 분장을 맡아서 하는데 나를 찾아오신 선생님은 아람단을 담당하시는 아람단 단장이셨다. 그런데 선생님 손에 종이봉투가 들려 있었다. 선생님은 머리를 긁적이시며 컴퓨터 입력을 하는 것이 어렵다고 하시면서 말씀하셨다.

"어이 혜정이! 내가 컴퓨터가 서툴러서 그러는데 이것 좀 입력해줄 수 있겠는가?"라고 물으셨다.

나는 영어 담당이었고 아람단은 내 일이 아니었지만 같이 매일 얼굴을 보며 일하는 사이라서 쉽게 거절을 하지 못했다.

거기다가 친절하게 웃으며 "그럼요, 선생님 저 주세요. 이거 언제까지 해야 돼요?"라고 일거리를 손수 받아들었다. 봉투를 열어보니 아람단 가입 신청서가 반별 묶음으로 3학년부터 6학년까지 가득했다. 나는 집에 돌아와 빨리 처리해버리고 놀러 나갈 생각에 컴퓨터를 켰다. 엑셀 파일을 켜고 정보를 하나씩 입력하기 시작했다.

학년, 반, 번호, 이름, 전화번호, 주소, 엄마 이름, 엄마 전화번호, 아빠 이름, 아빠 전화번호, 가입 여부, O · X 종이 한 장마다 입력해야 할 정보가 열 가지가 넘었다. 모두 개인정보였기 때문에 틀리면 안 되었고 숫자라서 집중을 해서 봐야지만 정확하게 입력할 수 있었다.

한 반에 34명 × 5학급 = 170명 거기에 3~6학년까지 모든 학년 정보를 입력해야 하니 680장 정도가 되었다. 한 명당 열 가지 정보를 입력한다고 치면 6,800개 정보를 입력해야 했다. 그야말로 단순노동이었다.

한참 열심히 입력하고 있는데 TV를 보고 계시던 아빠가 "도대체 뭘 그렇게 열심히 입력을 하니? 공부를 그렇게 했으면 서울대 갔겠다."라고 말씀하셨다. 정말 그만큼 나는 초집중을 해서 컴퓨터를 하고 있었다. 시계를 보니 어느덧 3시간이 지나있었다.

시간 가는 줄도 모르고 입력하다 보니 고개도 아프고 허리도 아팠다. 막상 하던 일을 멈추고 챙겨서 나가려고 하니 귀찮아지기 시작했다. 나는 친구들과의 약속을 취소하고 다시 단순노동에 돌입했다. 그런데 갑자기 마우스를 클릭하는데 손가락이 너무 아팠다. 이상하다 하고 만져보니 네 번째 손가락 위에 혹처럼 뼈가 솟아 있는 느낌이었다. 잠깐 그러는 거겠지 하고 다시 열심히 정보를 입력하기 시작했다.

그러다 한 학생의 이름이 잘 보이지 않아서 선생님께 여쭤보기 위해 전화를 걸었다. "선생님~ 정보를 입력하다가 잘 안 보이는데 4번 학생 이름이 뭐예요?"라고 여쭤보았다. 선생님은 학생 이름을 알려주시면서 "이 선생이 젊고 컴퓨터를 잘해서 금방 하지?"라고 말씀하시며 "나는 친구네 부부가 서울에서 내려와서 지금 계곡 와 있네." 하고 전화를 끊으셨다.

"재미있게 노세요."하고 친절한 사람인 척하고 전화를 끊었지만 나는 갑자기 울컥하며 화가 나기 시작했다. '나도 일주일 동안 기다려온 주말인데 내 약속은 취소하고 내 일도 아닌 일을 하고 있는데, 본인은 정작 나한테 일거리를 맡겨놓고 놀고 있단 말이야!' 하고 생각하니 너무 화가 났다. 하지만 정작 선생님한테는 화를 내지도 못하고 거절도 못 한 나한테 더 화가 나서 눈물을 흘리며 나의 주말을 온전히 아람단에 반납해야 했다.

그러고 나서 얻은 건 병원행 티켓이었다. 태어나서 정형외과를 처음 가본 날이었다. 네 번째 손가락에 통증이 계속되서 정형외과를 방문했더니 갑작스럽게 많이 움직여서 손가락에 물이 찼다고 했다.

커다란 주사기로 물을 빼는 시술을 했다. 직장동료라고 해서 거절을 하지 못한 일 때문에 나의 소중한 주말을 통째로 날리고 병원 신세까지 지게 되었다.

지금 와서 생각해 보면 선생님 기분 나쁘시지 않게 거절할 수도 있었을 거 같다. 예를 들면 "선생님 어쩌죠. 집에 컴퓨터가 고장이 났는데."라던지, "이번 주말은 제가 가족 모임이 있어서 강원도를 가야 되는데."라는 정도로 거절했어도 약간 서운하셨겠지만 그냥 지나갈 수 있었던 상황이었을 것이다. 그때는 왜 그렇게 착한 사람 콤플렉스에 빠져 있었는지 모르겠다.

하지만 나의 거절병은 나아지지 않고 공무원 생활을 하면서도 계속됐다. 내가 공무원을 하던 시절 같은 팀의 팀장님은 50대 싱글이신 여자 상사였다. 회사에서 걸어서 10분 거리의 아파트에 살고 계셨다. 나는 출근을 위해 이제 막 차를 뽑은 초보 운전자였고 팀장님은 차도 면허도 없으신 분이셨다.

여느 직장생활이 그렇듯 나의 퇴근은 상사의 퇴근과 밀접한 관련이 있었다. 팀장님은 퇴근을 하시며 꼭 "같이 가자."라는 말씀을 하셨고 나는 또 거절하지 못하고 "팀장님 가는 길에 내려드릴게요."라고 친절한 혜정 씨 코스프레를 했다.

그게 시작이었다. 한 달이 지나고, 세 달이 지나고, 1년이 다 되도록 매번 나는 기사 노릇을 해야 했고 집에 가는 길에 수선집도 들르고, 세탁소도 들려야 했다. 6시에 퇴근하고 바로 나가면 20분이면 도착할 퇴근길이 걸어서 10분 걸리는 팀장님을 집에 내려드리고 가면 차가 막혀 40~50분은 족히 걸렸다.

그렇게 나의 소중한 시간은 사회생활이라는 명목 아래 사라져 가고 있었다. 그리고 '나'라는 존재도 함께 사라지고 있었다. 즐거운 마음으로 외쳤던 나의 'YES'가 너무나 큰 스트레스로 다가오고 있었다.

직장을 나와서 바라보니 과거의 내가 참 바보같았다. 하지만 그 안에서는 그게 당연한 선택이었고 옳은 선택이었다고 합리화하며 살았다. 아마 누군가 그때 나에게 "거절해도 괜찮아."라고 얘기해주었다면 아마 많은 것이 달라졌을 것이다.

영원히 볼 것 같았던 전 직장동료들은 지금 연락조차 하지 않는다. 거절을 하면 불편해질까 봐 'YES' 했던 그 시간을 차라리 취미 생활을 하거나 책을 읽는 데 썼다면 나의 인생은 아마 더 빨리 달라지지 않았을까? '친절하고 착하다'는 이미지는 버려라. 원하지 않는다면 거절해도 좋다. 차라리 그 시간에 내가 원하고 하고 싶은 일에 'YES!'라고 외치는 선택을 하길 바란다.

3장

삶에서 가장 큰 벽은 나 자신이었다

01

인생의 최악을
마주하다

고난의 시기에 동요하지 않는 것, 이것은 진정
칭찬받을 만한 뛰어난 인물의 증거다.

– 루트비히 판 베토벤 –

문득 고개를 들어보니 버스에 나 혼자 앉아 있었다. 내가 어디쯤에 있는지도 모른 채 버스에서 허겁지겁 내렸다. 오늘은 그런 날이었다. 세상에 혼자 남겨진 것 같은 날. 얼마 전 면접을 봤던 회사에서 불합격 문자를 받았다. 벌써 몇 번째 인지 셀 수도 없다. 친구들은 시집가서 남편과 행복한 시간을 보내는 것 같고, 나보다 먼저 취직한 친구들은 나보다 훨씬 어른이 되어 멋지게 커리어를 쌓아가고 있는 것만 같았다.

열심히 살았다고 생각했는데, 세상에서 계속 뒤처지는 느낌이 들었다. 사회에서 나라는 존재가 영 필요 없는 모양이었다. 가방이 무겁지도 않앉는데, 깊은 한숨이 저절로 나오면서 오늘따라 가방이 한없이 무겁게만 느껴졌다.

맞은편에 보이는 간판에는 커다랗게 '당신의 꿈은 무엇입니까?'라는 문구가 적혀 있었다. 내 꿈은 무엇일까? 어렸을 때는 장래희망이 참 많았던 것 같은데, 어느샌가 취직이라는 현실의 벽에 부딪혀 '꿈'이라는 단어는 생각할 겨를조차 없었다.

'꿈'이라는 단어를 사전에서 찾아보니 '목표, 희망'이라는 뜻이 있었다. '나의 목표는 무엇일까? 그리고 나에게는 무슨 희망이 있을까?'라고 곰곰이 생각해봤다. 나는 그냥 사회에서 열심히 일하는 일원이 되고 싶었다. 월급을 받아서 적금을 넣고 차곡차곡 돈을 모으고 싶었다. 부모님께 자랑스러운 딸이 되고 싶었다. 그런데 그조차도 쉽게 얻을 수 없었다.

아마 과거의 나처럼 누구나 세상에 혼자 남겨진 것 같은 느낌을 한번씩은 경험해봤을 것이다. 미래가 보이지 않고 무엇부터 해야 할지 멘탈이 붕괴될 때가 한 번씩은 온다. 아니 살다 보면 이런 순간은 여러 번 찾아온다.

이럴 때는 내가 아무리 벗어나려고 해도 일이 잘 풀리지 않고 계속해서 안 좋은 생각들이 찾아온다.

나도 가끔 내가 끔찍하게 싫어질 때가 있다. 꼬여버린 일들이 모두 내 탓만 같고 후회해봤자 되돌릴 수 없는 일들이 계속해서 머릿속을 맴돈다. 예전에는 우울한 기분이 들 때마다 목욕을 했다. 뜨거운 탕 안에 앉아 있으면 기분이 좀 나아졌다. 하지만 샤워하고 목욕하는 것마저도 귀찮아지는 순간이 있다.

그럴 때는 핸드폰을 들고 먹고 싶은 음식을 주문해보자! 그 음식이 오는 순간을 기다리는 시간! 그리고 음식이 문 앞에 배달되는 순간! '소소한 행복'이라는 것을 맛볼 수 있을 것이다. 그리고 음식을 먹다 보면 아까보다 한결 기분이 나아지는 것을 느낄 수 있을 것이다.

백세희 작가의 『죽고 싶지만 떡볶이는 먹고 싶어』가 많은 사람들에게 사랑받는 이유도, 대부분의 사람이 외롭고 우울한 순간들을 경험하면서 이 책을 통해 위로받았기 때문일 것이다.

요즘 취직하기 위해 고군분투하며 자신과 싸우는 젊은 친구들이 많다. 일부는 본인이 원하는 곳에 취직해 성취감과 당당함을 경험할 것이고, 또 다른 일부는 세상에 내 마음대로 안 되는 것도 있다는 걸 경험하며 꿈과 현실 사이에서 많이 방황할 것이다. 꿈을 좇자니 비용과 시간이 부족하고 현실을 좇자니 내가 하고 싶은 것과 할 수 있는 능력의 차이가 크게 느껴지기도 한다.

그리고 어쩌면 누군가는 나처럼 '본인이 무엇을 원하는지' 그리고 '꿈이 무엇인지'조차 모르고 살아가고 있을지도 모른다. 꿈을 찾고 이루는 과정에서 누구나 많은 실패를 경험한다. 나는 헤르만 헤세의 작품 『데미안』의 구절 중 다음 문구를 좋아하는데 함께 공유하고 싶다.

"새는 알을 깨고 나온다. 알은 하나의 세계이다. 하지만 태어나려고 하는 생명은 하나의 세계를 파괴하지 않으면 안 된다."

하나의 세계를 파괴하기 위해서는 얼마나 많은 노력과 에너지가 들겠는가! 우리가 지금 힘이 드는 것은 당연한 일이다.

나는 어렸을 때부터 마음 한편에 작가가 되고 싶다는 꿈이 있었다. 초등학교 4학년 담임 선생님이 매일 일기 검사를 하시면서 내게 글재주가 있는 것 같다고 말씀해 주셨다. 나는 그때부터 일기, 독후감, 교내 대회에서 글짓기로 많은 수상을 하였다.

그냥 나의 생각을 정리해서 끄적거리기만 했는데 칭찬을 받아서 글쓰기의 매력에 푹 빠졌다. 초등학생 때는 멋진 작가가 되고 싶다는 생각이 들었다. 하지만 재능이라는 것이 필요하다는 것을 알게 되고 현실이라는 벽에 부딪혔을 때 나는 작가가 되는 것이 힘들다는 것을 알게 되었고, 그 꿈을 내 마음 깊숙한 곳에 넣어두고 아무한테도 이야기하지 않았다.

하지만 지금 나는 이렇게 글을 쓰고 있다. 25년이 넘는 동안 묻어두고 살았던 '꿈'을 꺼내어 실천한 것이다. 나는 글을 쓸 때 행복하다. 내가 무슨 생각을 하면서 사는지 나를 돌아볼 수 있고, 글을 쓰는 순간에는 좀 더 솔직한 내가 된다.

최악의 순간은 누구에게나 온다. 부정적인 생각들이 쌓이고 그 감정을 그대로 방치해두면 내 마음이 나를 공격하는 순간이 온다. 이 순간을 빨리 빠져나와야 한다. 나는 우울할 때마다 빠르게 빠져나오는 나만의 방법이 있다. 만약 감정이 기복이 심한 사람이라면 이 방법을 써보길 바란다. 조금은 도움이 될 것이다.

1. 고개를 좌우로 흔들어 지금 하는 생각을 멈춘다.
(사고를 빠르게 전환하는 연습을 하다 보면 점점 부정적인 생각을 지우는 시간이 단축되는 경험을 하게 될 것이다)

2. 유튜브에서 신나는 댄스음악을 검색한다.

('고작 음악으로 기분이 나아질까?'라는 생각이 들겠지만 생각보다 효과가 좋다)

3. 배달 어플을 켜고 먹고 싶은 음식을 시킨다. 식욕이 없다면 아이스크림이나 커피 디저트를 시켜도 좋다.

(인간은 본능적인 동물이다. 생각보다 맛있는 걸 먹으면 기분이 빨리 좋아진다)

4. 어깨를 당당히 펴고 '나는 존재 그 자체만으로 대단하다!'라고 세 번 외친다!

(어깨를 당당히 펴는 것만으로도 자존감을 높이는 효과가 있다)

우울함과 외로움을 느끼지 않는 사람은 이 세상에 단 한 사람도 없다. 주변에 다른 사람과 비교를 하지 말고 나만의 길을 묵묵히 걷는 것도 내 소중한 인생을 낭비하지 않는 길이다.

비록 지금 당신의 인생이 최악이라는 생각이 들어도 이러한 감정은 '인간이라면 누구나 경험하는 감정'이다. 유치하다고 생각할지 몰라도 우울할 때는 위의 네 가지 방법을 이용해 빠르게 긍정적인 생각으로 사고를 전환하길 바란다.

이렇게 마음속에 긍정적인 생각과 즐거운 마음이 커지면 좋지 않은 상황을 전환할 용기가 생기게 될 것이다. 최악의 상황은 오히려 무언가를 배울 수 있는 기회이고, 가장 어두울 때는 해뜨기 직전이다. 누구도 용기 있는 당신을 막을 수 없을 것이다.

02

모두 같은 세상을
사는 건 아니다

절대 포기하지 마라. 당신이 되고 싶은 무언가가 있다면, 그에 대해 자부심을 가져라.
당신 자신에게 기회를 주어라. 목표를 높이 세워라. 인생은 그렇게 살아야 한다.

– 마이크 맥라렌 –

나는 아르바이트로 진로 코디네이터 강사를 한 경험이 있었다. 대학을 졸업하고 취직하기 전 우연히 교육청 공고를 보고 지원하게 되었다. 중학생들을 대상으로 그들의 꿈을 찾아주고 진로도 설정해주는 교육을 하는 지역 교육청 프로그램 중 하나였다.

먼저 학생들의 흥미와 적성 검사를 한다. 그리고 학생들의 적성에 맞추어 어떤 직업을 가지면 좋을지, 직업과 학과도 추천해주었다. 직업사전에는 1만 개가 넘는 직업이 있었지만 정작 학생들이 쓸 수 있는 직업들은 고작 스무 개도 채 되지 않았다.

그중 한 명이 본인의 장래 희망란에 '부자'라고 써서 발표를 했고, 반 친구들은 모두 비웃었다. 왜냐하면 그 친구는 공부를 잘하지도 못했고 수업 시간마다 맨 뒷자리에서 엎드려 잠을 자던 친구였기 때문이다.

나는 그 친구에게 물었다.

"왜 부자가 되고 싶어요?"

그 친구는 본인이 부자가 되고 싶은 이유에 대해서 그리고 본인의 앞으로의 꿈에 대해서 다음과 같이 얘기했다.

"저희 집은 몹시 가난합니다. 그런데 저희 작은아버지는 부자예요. 시내에서 크게 주유소를 하시거든요. 차도 외제 차를 타고 다니고 고기도 많이 먹을 수 있습니다. 저는 저희 작은아버지처럼 부자가 되고 싶습니다."

나는 당당하게 말하는 그 친구의 다음 이야기가 너무 궁금해서 다시 물었다.

"그럼 어떻게 하면 부자가 될 수 있을까요?"

그 친구는 엎드려 자던 때와 달리 눈을 반짝이며 다음과 같이 말했다.

"저는 주유소 사장이 되고 싶습니다. 그런데 주유소를 차릴 돈이 없기 때문에 지금부터 돈을 벌어야 합니다. 그래서 저는 학교가 끝나고 주유소에서 아르바이트를 하고 있습니다. 학생이라서 시간당 3,000원을 받고 있지만, 하루에 12시간을 일하니까 하루에 36,000원씩 벌고 있습니다. 한 달 월급이 100만 원 정도 되는데 1년 모으면 1,200만 원이니까 10년 모으면 1억 2,000만 원이 됩니다. 그럼 이걸로 주유소를 인수할 겁니다. 저는 공부도 못하고 대학교에 갈 등록금도 없습니다. 저는 주유소 사장이되서 주유소를 많이 가진 부자가 되는 게 꿈입니다."

그 친구는 야간에 주유소 아르바이트를 하느라 수업 시간에 매번 졸았던 것이다. 그동안 잠만 잔다고 한심하게 봤던 주변 친구들의 눈빛이 달라지기 시작했다. 나는 10년이라는 시간을 투자하겠다는 그 친구를 보며 버크 헤지스의 〈파이프라인 우화〉가 생각났다.

파이프라인 우화란 이탈리아에 사는 '파블로'와 '브루노'라는 두 꿈 많던 젊은이가 마을의 물탱크에 물을 채워 넣는 일을 하는 과정을 다룬 이야기이다. 파블로는 물을 옮기는 일이 너무 무겁고 힘들어서 강에서 마을까지 파이프 라인을 설치하는 일을 하기 시작했다.

파블로는 사람들에게 놀림을 받으면서까지 묵묵히 본인의 일을 했다. '비록 더디긴 해도 나는 꼭 성공할거야!'라고 생각하며 스스로 격려했다. 반면 브루노는 매일 물을 나르며 재산을 축적했고 마을에서도 인정받는 부자가 되어갔다. 그러나 세월이 흐르고 브루노는 무거운 물통을 지느라 어깨가 굽고 병들어 갔으며 사람들은 그를 '물통지기'라고 빈정대기 시작했다.

시간이 지나고 파블로의 파이프라인의 길이는 점점 늘어났고 어느덧 학수고대하던 날을 맞이했다. 마을 사람들은 파이프라인을 통해 물통에 물을 들여오는 파블로에게 돈을 지불하기 시작했고 파블로는 잠자는 동안에도 돈을 벌 수 있었다.

파블로는 그 마을뿐만 아니라 다른 마을에도 파이프라인을 설치할 계획을 세우고 나아가 전 세계를 관통한 파이프라인을 구축하려는 원대한 계획까지 세웠다. 비슷한 환경에서 자란 두 친구였지만 문제를 해결하며 살아가는 방식은 각기 달랐다.

그는 저서에서 다음과 같이 언급했다.

"'100년 전과 달리 오늘날 백만장자가 되는 것은 선택의 문제'라는 점입니다. 백만장자는 우연히 탄생하는 것이 아닙니다. 이것은 실제로 검증을 마친 진리입니다."

즉, 이제는 공부를 잘하거나 시험을 잘 보는 것이 성공이 아니라 파이프라인 시스템을 이용해 누구나 시간적, 경제적, 공간적인 자유로움까지 누릴 수 있는 시대라는 것이다. 앞의 친구 사례처럼 학생이지만 본인의 상황과 시간, 인맥을 이용해 충분히 본인이 원하는 삶을 살 수 있다.

'나이가 많아서, 시간이 없어서, 돈이 없어서'라는 것은 모두 핑계일 뿐이다. 토머스 스탠리(Tomas Stanley)가 쓴 베스트 셀러 『이웃집 백만장자 변하지 않는 부의 법칙』에 보면 이런 글이 나온다.

"오늘날의 백만장자는 대부분 록펠러나 밴더빌트 가문의 후손이 아니며 80% 이상이 자수성가한 사람들이다."

나는 자수성가 부자들이 80% 이상이라는 사실이 매우 놀라웠다. 이들은 본인이 하는 일을 즐기고 사회나 다른 사람들이 정해놓은 기준에 맞추어 살지 않았다. 본인만의 확고한 신념과 가치관으로 자기만의 방식을 만들었다. 그리고 흔들리지 않고 파블로처럼 묵묵하고 꾸준히 인내하고 결국 정상에 올랐다.

우리가 성공한 삶을 살기 위해서 모두 다 같은 세상을 살 필요가 없다. 학교에서 종교에서 가르치는 말을 잘 듣는 착한 사람으로 살지 말자. 처음부터 완벽하지는 않더라도 일단 시작하고 끊임없이 배우며 자기 성장을 추구하는 것이 성공하는 방법이다.

그리고 마음을 열자. 내가 가지고 있는 생각만큼만 생각한다면 기회가 와도 들으려고도 하지 않을 것이다. 열린 마음과 큰 비전을 보는 마인드를 가져야 한다. 거기에 나의 소신과 성공에 대한 믿음만 있다면 어떠한 장애물이 있어도 뛰어넘을 수 있다.

03

나쁜 일이 있으면
좋은 일도 있는 법

고통이 남기고 간 뒤를 보라!
고난이 지나면 반드시 기쁨이 스며든다.

− 요한 볼프강 폰 괴테 −

세상을 살다 보면 내 마음대로 되지 않는 것이 참 많다. 어른들은 인생은 원래 그런 것이라고 말씀하신다. 나는 7급 공무원으로 근무했던 기간이 내 인생에서 가장 힘들었던 시기였다. 직장 상사의 괴롭힘과 적성에 맞지 않는 업무를 하루에 8시간씩 해야 하는 것이 나에게는 몹시 곤욕이었다.

처음에는 해외 출장을 간다고 해서 몹시 들떠있었는데 출장 가기 전부터 할 일이 너무나 많았다. 책 한 권에 가까운 출장지 정보 보고서를 작성해야 했고 방문지에 줄 선물도 제작해야 했다. 그리고 출장을 갈 때는 내 짐엔 내 물건보다 홍보 책자가 차지하는 공간이 더 많을 정도였다. 우울한 내 기분을 대변해주듯 출장용 옷은 언제나 검은 정장에 검은 구두였다.

그런데 그렇게 괴로웠던 경험들이 지금 나의 책 주제가 될 줄이야! 인생 참 알다가도 모를 일이다. 내가 계속해서 공무원으로 남아 있었더라면 아마 기껏해야 팀장으로 승진하는 것이 나의 최대 출세였을 것이다. 세상은 언제나 내가 원하는 대로만 돌아가지 않는다. 하지만 실패들을 많이 경험할수록 고통 속에서 배우는 것 또한 많았다.

한번은 호주 멜버른으로 초등학생 36명을 인솔하여 한 달간 국제 교류 프로젝트를 진행한 적이 있다. 호주 밸러렛이라는 작은 시골 마을에 있는 대안학교와 내가 근무했던 학교가 자매결연을 맺어 학생들이 홈스테이를 하면서 각 나라의 정규 교육과정을 교환 학습할 수 있는 프로그램이었다.

나를 포함해 우리 학교에서는 인솔 교사가 2명 지원했고 에이전시 선생님 한 분과 함께 출장을 가게 되었다. 우리 학교에서는 영어 담당이었던 나와 교무 부장 선생님이셨던 남자 선생님이 함께하셨다. 우리가 머무르는 숙소도 그곳 호주 담당 선생님의 집이라고 했다.

우리는 36명의 아이를 인솔하여 12시간이 넘는 비행을 했다. 가는 동안 비행기를 놓칠 뻔하고, 여권을 비행기에 두고 온 학생이 있어서 한참을 찾아 헤매고, 온갖 우여곡절을 겪은 뒤 녹초가 되어 호주에 도착했다. 지방에서부터 새벽에 출발해 약 20시간 만에 이국땅에 도착한 것이다.

호주 담당 선생님은 젊은 한국 여자 분이셨다. '아, 호주인이 아닌 것이 이렇게 반가울 수가.'

아이들은 각자 배정된 홈스테이 부모님이 픽업을 오셔서 데리고 가고 우리도 호주 학교 한국어 담당 선생님을 따라 선생님 댁으로 가게 되었다. 방 배정은 나와 에이전시 선생님이신 박 선생님이 함께 쓰기로 했고 나머지 작은 방은 남자 선생님이신 임 선생님이 쓰시기로 하셨다. 호주 선생님은 우리에게 집안 구조와 홈스테이를 하면서 지켜야 할 규칙을 알려주셨다. 캐나다에서 어학연수를 하며 홈스테이 경험이 있었던 나는 외국 생활방식에 금세 적응할 수 있었다.

그런데 등골이 자꾸 서늘한 게 호주 선생님이 우리를 바라보는 눈빛이 탐탁지 않았다. 말투도 화가 난 것처럼 차가웠다. 나는 에이전시 담당 선생님이신 박 선생님께 물었다.

"선생님, 그런데 호주 선생님이 우리한테 화나신 것 같지 않아요?"

"아, 그러게요. 좀 퉁명스러우신 것 같은데 우리 뭐 잘못했어요?"

"방금 도착해서 실수한 게 없는데 무슨 일이지?"

곰곰이 생각하면서 짐을 풀다 보니 어느덧 저녁 먹을 시간이 되었다. 우리는 식탁에 둘러앉아 식사를 하며 인사도 하고 분위기가 조금 부드러워진 뒤 조심스럽게 선생님께 물었다.

"선생님, 혹시 저희가 뭐 실수한 거 있을까요? 계속 화가 나 있으신 것 같아요."

선생님은 식사를 멈추고 수저와 포크를 "탁!" 하고 내려놓으신 뒤 화가 난 것이 맞다고 말씀하셨다. 우리는 원인을 몰라 어리둥절했고 임 선생님이 "우리가 이제 와서 뭐 실수할 만한 게 없었는데 무슨 일로 화가 나셨어요?" 하고 물었다.

호주 선생님은 나에게 이메일을 보냈는데 내가 답장을 하지 않아서 화가 났다고 말씀하셨다. 한국은 이메일 문화가 문자나 메시지보다는 익숙하지 않아서 나는 필요한 정보를 전송하는 것 이외에 따로 메일을 받았다고는 답장하지 않았다.

호주 선생님은 한국 선생님들이 일할 마음이 없고 놀러 온 것이라고 생각한다고 하셨다. 지금 20시간이 넘게 아이들을 인솔해 비행기를 타고 왔는데 무능한 선생님 취급을 받아야 한다니 갑자기 너무 화가 났다.

호주 선생님이 그렇게 확신한 이유는 바로 우리가 공항에서 나올 때 선글라스를 끼고 나왔기 때문이라고 했다. 나는 20시간이 넘는 여정에 강한 햇볕을 차단하기 위해 선글라스를 쓴 것인데 그게 그 선생님들 눈에는 우리가 관광 온 사람처럼 안 좋게 보인 것이었다. 그러나 우리를 마중 나온 호주 선생님들도 전부 선글라스를 끼고 있었다.

호주 선생님은 식사를 하다가 갑자기 너무 화가 난다며 일어나버렸고 나도 화가 나서 방으로 돌아갔다. 그런데 주방 쪽에서 나는 소리에 나는 내 귀를 의심했다.

드라마의 한 장면이 펼쳐지고 있는 것 같았다. 호주 선생님은 500불을 들고 와서 식탁에 던지고는 도저히 우리에게 밥을 해줄 수 없다며 앞으로 이 돈으로 나가서 사 먹으라고 했다. 나는 바로 주방으로 달려가 "선생님, 지금 뭐 하시는 거예요?"라고 되물었다.

호주 선생님은 얼굴빛이 울그락불그락 변하면서 "너무 화가 나서 한 집에 있을 수 없어요."라며 밖으로 나가버리셨다. 나도 화가 나서 함께 온 일행에게 이 집에 도저히 못 있겠다며 "하나도 남김없이 짐 싸세요! 다시는 못 돌아오니까!"라고 소리쳤다. 5분 뒤 우리는 커다란 캐리어 3개를 들고 도로에 서 있었다. 화가 나서 일단 멋지게 나오긴 했는데 아는 곳도 없고 갈 곳도 없었다. 그리고 뭔가 큰 문제를 저질러버린 것만 같았다.

'한참을 어쩌지.' 생각하고 있었는데 맞은편에서 우리 에이전시 팀장님이 창문을 내리고 인사를 하시는 것이 아닌가! 우리가 캐리어를 들고 서 있으니 지나가다 보시고 아는 척을 하신 것이었다. 호주 학교와 한국 학교를 연결해주시는 담당자였던 팀장님은 우리 사연을 들으시고는 이미 돈을 다 지불했는데 이런 일이 일어나서 유감이라며 본인 아파트에 지낼 만한 숙소를 마련해주시겠다고 했다.

세상에 한 달에 1,000불도 넘는 숙소를 흔쾌히 지원해주신 것이다. 덕분에 우리는 기존에 있던 선생님 집보다 훨씬 넓고 컨디션 좋은 숙소에서 한 달간 지낼 수 있었다. 그리고 사모님이 맛있는 한식으로 식사도 제공해주셔서 너무나 편안하게 호주 생활을 할 수 있었다.

물론 그 호주 선생님과는 일하는 내내 계속 부딪혔다. 일하는 내내 호주 학교와 우리 사이를 이간질 하셨다. 우리는 열심히 일하는 모습을 보여주어 호주학교의 인정을 받을 수 있었고 나는 호주 학교에 스카웃 제의를 받았다.

우리는 기억해야 한다. 지금 나쁜 일이 있다고 해도 평생 나쁜 일만 생기지는 않는다. 기회는 언제나 위기로 위장하고 우리를 찾아온다.

04

삶에서 가장 큰 벽은
나 자신이었다

진정으로 웃으려면 고통을 참아야 하며,
나아가 고통을 즐길 줄 알아야 해.

- 찰리 채플린 -

사람들에게 꿈이 무엇이냐고 물어보면 누구나 행복하게 잘 사는 것이라고 이야기한다. 그리고 행복하게 잘 살기 위해 열심히 공부하고 열심히 일해야 한다고 교육받는다.

물론 나도 어릴 적 부모님과 선생님으로부터 성실하게 열심히 살아야 잘 사는 것이라고 배웠다.

하지만 사회생활을 경험하며 주변을 둘러보니 사람들은 모두 열심히 산다. 그런데 똑같이 열심히 사는데도 어떤 이들은 성공을 하고 어떤 이들은 계속 힘겹게 하루하루를 살아가는 모습을 보았다.

예를 들어 A와 B가 있다고 하자. A는 새벽 5시에 일어나 6시부터 일터에 나가 하루 10시간을 일해서 10만 원을 번다고 하자. 그러면 10만 원 × 20일 = 200만 원이 된다.

1년이면 연봉이 2,400만 원, 10년이면 2억 4,000만 원이다. A는 이 돈을 전부 저축하는 데 쓸 수 없다. 생활비를 제외하고 저축을 해도 1억 모으기가 빠듯할 것이다.

반면 B는 총 10년 중 3년 동안 자신의 가치를 높이는 데 비용과 시간을 투자하고 나머지 7년 동안 돈을 벌었다고 하자. B는 3년간 몸값을 높여 1시간에 200만 원을 버는 사람이 되었다. B는 본인이 원하는 시간만 일하고 본인이 원하는 돈만큼 벌어갈 수 있을 뿐만 아니라 A의 10년치 연봉 2,400만 원을 한 달 만에도 벌 수 있다. 그리고 만약 B가 원한다면 젊을 때 더 많이 일하고 능력만큼 돈을 벌어 빠른 은퇴를 하는 것도 가능할 것이다.

물론 누군가는 이론적인 이야기라고 할 것이다. 하지만 실제 성공자들은 짧은 시간에 많은 돈을 번다. 엠제이 드마코는 그의 저서 『부의 추월차선』에서 '부자가 되는 길에는 지름길이 있다'라고 말하고 있다. 그는 인생에는 세 가지 차선이 있다고 말하고 있다. 첫 번째는 인도, 두 번째는 서행차선, 세 번째는 추월차선이다.

인도는 소득이 있지만 가난한 사람들을 말한다. 이들은 재무적인 목표를 세우지 않고 돈이 생기는 즉시 돈을 쾌락을 채우는 데 써버린다. 충격적인 사실은 미국의 55세 이하의 50%가 넘는 국민이 순자산이 없거나 마이너스라는 것이다. 이 인도 위의 삶은 결국 가난을 끌어당긴다. 인도 위의 대부분의 사람은 본인이 인도 위에 서 있다는 사실조차 모른다.

서행차선은 늙어서 부자가 될 것이라는 믿음을 가지고 현재를 희생하는 사람들이다. 즉 천천히 부자가 되는 사람들이다. 교육을 통해 이들은 하루 8시간씩 열심히 일하고, 부채는 위험한 것이니 피해야 하고, 일정 이자율이 나오는 저축상품에 꼬박꼬박 저축을 해야만 한다고 배웠다. 그리고 은퇴 후 행복한 삶을 살 수 있다는 희망을 믿고 산다.

마지막으로 추월차선이다. 추월차선은 통제 가능한 무제한적인 영향력을 발휘하는 것으로 대표적으로 사업이나 자산가치를 늘리는 것을 말한다. 이들은 시간당 수입이 아니라 결과로 수입을 벌어들이는 것이다.

지금 생각해보면 우리 부모님은 서행차선을 걸어오신 것 같다. 아빠와 엄마는 내가 어렸을 때부터 하루도 쉬지 않으시고 정말 성실히 일하셨다. 어릴 적에는 부모님이 이렇게 열심히 일하시니 시간이 흐르고 나이가 들면 부자가 될 줄 알았다. 퇴직한 후에 해외여행을 다니시고 먹고 싶은 것도 마음껏 먹고 사고 싶은 것도 마음껏 사면서 부유하고 편안하게 노후를 보내실 거라고 믿고 있었다.

하지만 현실은 어떠한가? 우리 부모님은 새벽부터 출근하셔서 저녁까지 일하신다. 젊으셨을 때 열심히 일하시고 지금은 여기저기 몸이 아픈 데가 늘어났다. 그리고 항상 아껴 쓰시는 게 몸에 배어 정말 더운 날에만 에어컨을 틀어주신다.

이런 가정환경과 학교 교육으로 인해 나 역시 공부를 잘해서 좋은 직장에 취직하는 것이 인생의 성공인 줄로만 알고 살았다. 하지만 나는 젊을 때 많은 것을 누리고 싶었다. 젊었을 때 더 많이 여행 다니며 삶의 지혜도 배우고 추억도 쌓고 싶었다. 그리고 젊을 때 좋은 차를 타고 즐기고 싶은 것, 사고 싶은 것도 많았다.

하지만 현실은 매달 카드값을 내는 것도 버거운 처지였다. 월급 한 푼 안 쓰고 모두 모은다 해도 내 힘으로 10년 안에 집을 장만하기도 힘이 든 세상이었다. 대학을 졸업하고 일을 하면 돈도 펑펑 쓰고 생활이 나아질 줄 알았다.

하지만 졸업 후 직장생활을 하면서도 내 인생은 기대에 한참 못 미쳤다. 200만 원이 조금 넘는 월급을 받으면서 항상 돈에 대한 아쉬움을 느끼고 살아야 했다. 백화점, 음식점에 가도 가격 걱정 때문에 사고 싶은 것, 먹고 싶은 것을 선뜻 집어들 수 없었다.

'내 인생이 여기서 더 나아질 수 있을까?' 결국 이렇게 살려고 지금까지 공부하고 노력했나 하는 실망감이 머릿속을 가득 채웠다. 나는 어떻게 해야 다람쥐 쳇바퀴 굴러가는 이 삶의 고리를 벗어날 수 있을지 생각했다.

나는 부의 추월차선을 타고 싶었다. 그래서 진지하게 내가 살고 싶은 삶을 곰곰이 생각해보았다. 나는 효율성을 좋아하는 사람이었다. 그래서 일정 시간 근무해야 하는 직장이 몹시 답답했다. 직장에서는 내 할 일이 끝났는데도 시간이 되지 않으면 퇴근할 수 없었다. 다른 내 직장 동료들은 낮에는 인터넷을 하고 놀다가 업무가 끝난 이후에 야근 수당을 챙기며 그 시간에 일을 몰아서 하는 사람도 더러 볼 수 있었다. 나는 그들과 똑같은 삶을 살고 싶지 않았다.

그때까지는 근로소득 이외에 한 번도 다른 돈이 통장에 들어와본 적이 없이 살았다. 그래서 직장을 그만두고 사업을 한다거나 다른 일을 하면 큰일 나는 줄 알았다. 내가 혼자 감당하기에 너무 큰일이라고 생각했다. 그런데 우연히 시작한 네트워크 사업을 통해 월급보다 더 많은 수익이 통장에 들어오면서 나의 편견은 점점 허물어지기 시작했다.

일한 만큼 능력제로 돈을 벌 수 있는 시스템은 나에게 새로운 시각과 비전을 제시해 주었다. 그동안은 나의 시간과 돈을 바꾸어서 버는 돈이 정직한 돈이라고만 생각했다면 이제는 시간당 능력에 따라 벌 수 있는 돈이 궁금해졌다. 거기에 만약 내가 일하지 않아도 돈이 들어오는 인세 소득 시스템을 갖출 수만 있다면 내가 원하는 삶을 살 수 있을 것만 같았다.

그동안 수많은 자기계발서와 성공에 관한 책을 읽었지만 나의 직접적인 수익과는 연관이 없었다. 단지 시간관리나 인간관계에 대한 부분만 적용해본 것이 전부였다. 하지만 내가 부자가 되려면 내가 그동안 교육받았던 생각부터 바꿔야 한다는 사실을 깨달았다. 서행차선의 마인드가 아닌 추월차선으로 올라타야 했다.

실제로 나는 네트워크 사업을 처음 시작할 때 밤낮없이 일했다. 새벽에도 사업설명을 준비하며 밤을 새기 일쑤였다. 하지만 지금은 내가 원하는 시간에만 일하고 더 많은 소득을 번다. 직장생활만 할 때는 아무리 많은 일을 해도 정해진 월급보다 더 많은 돈을 벌지 못했다. 하지만 지금은 내가 일한 만큼 더 많은 수입이 들어온다.

결국 아무리 성공에 관한 많은 조언과 책을 읽더라도 내가 스스로 내 생각의 벽을 깨부수지 않으면, 지금 사는 그대로 살 수밖에 없다. 당신의 무의식에 남아 있는 부에 대한 낡은 인식을 버려라! 그대로 살다가는 내년이 되어도 10년이 지나도 우리의 삶은 달라지지 않는다.

05

나는 절대 포기하지
않기로 했다

많은 인생의 실패자들은 포기할 때 자신이
성공에서 얼마나 가까이 있었는지 모른다.

- 에디슨 -

나는 과목 중에서 수학을 가장 싫어한다. 암기과목은 어떻게든 외우겠
는데 수학은 늘 어렵다는 이유로 풀어보기도 전에 포기를 했다. 겨우 산
수 정도만 하고 아직도 나는 수학과는 친해지지 못했다. 수학뿐만 아니
라 수영도 배우다가 포기했다. 합기도도 빨간 띠 이후로 포기했다. 요가
도 어려워지니 포기했다. 이렇게 나는 배우다 어려운 단계에 다다르면
언제나 쉽게 포기하는 아이였다.

나의 성향을 잘 알기 때문에 나는 7급 공무원을 그만두고 네트워크 사
업을 선택했을 때 누구보다 신중하게 많이 고민했다. 꼼꼼히 이 제도에

대해 알아보기도 하고 '내가 혹시 후회하지는 않을까?' 하고 몇 번이고 다시 생각해보았다. 그래도 나의 결론은 '해보기도 전에 후회하지 말고 해보고 나서 후회하자'였다.

대신, 남몰래 나 혼자 굳게 다짐했던 것이 한 가지가 있다.
바로 '절대 포기하지는 말자'였다.

직장생활을 할 때는 '성공'이라는 의미는 '승진'이나 '합격'이라는 단어 이외에 다른 단어는 잘 연상되지 않았다. 그런데 네트워크 사업을 준비하면서 '성공'이라는 단어를 떠올려보니 이 단어 안에 많은 것이 포함되어 있다는 사실을 알게 됐다.

예를 들면 승급이었다. 일단 이 일을 시작할 때 나의 목표는 최고직급이었다. 아마 누구나 시작할 때는 가장 높은 곳을 바라보고 시작할 것이다. 네트워크 사업에서 흔히 말하는 다이아몬드 직급을 가기까지 얼마나 많은 노력을 해야 하는지 실제로 알지는 못했다. 어쩌면 몰랐기 때문에 겁도 없이 무모하게 시작한 것인지도 모른다.

승급뿐만 아니라 새로운 일을 시작할 때 필요한 '도전' 역시 나에게는 또 하나의 성공이었다. 한 가지 일에 익숙해지고 안주하게 되면서 다른 일에 도전한다는 것이 쉽지만은 않았다. 실패할까 봐 두려웠고 가지고 있는 것마저 잃을까 봐 전전긍긍했다.

하지만 함께 시작하는 주변 사람들을 보면서 나뿐만 아니라 대부분의 사람이 새로운 것을 시작할 때 망설인다는 사실을 알게 됐다. 그리고 그들 중 90%는 이런저런 이유로 도전을 포기한다. 60대는 나이가 많아서, 50대는 남편이 반대해서, 40대는 시간이 없어서, 30대는 돈이 없어서 등의 이유로 시작조차 하지 않는다.

그래서 나는 내 미래를 생각해보기로 했다. 지금 망설여지는 이유가 5년 후면 개선될 것인가? 지금 망설이는 이유가 10년 후면 나아질 것인가? 정답은 'NO'였다. 그렇다면 실패하더라도 조금 더 빨리 시작하는 것이 유리하다는 판단을 내렸다. 어차피 이대로 살다간 40대에도 돈이 없고, 50대에도 돈이 없고, 60대에도 딱히 나아지는 삶은 아닌 것 같았다.

앤절라 더크워스의 『그릿』에서는 포기에 관해 이렇게 말하고 있다.

"힘겨운 상황에 처하고 모든 게 장애로 느껴질 때, 단 1분조차도 더 버틸 수 없다고 느껴질 때 그때야말로 결코 포기하지 마라. 바로 그런 시점과 위치에서 상황은 바뀌기 시작하니까."

그릿의 뜻은 'IQ, 재능, 환경을 뛰어넘는 열정적 끈기의 힘'을 말한다. 예를 들면 똑같이 힘든 환경이 주어졌을 때 능력이 좋은 친구보다 절대 포기하지 않고 계속 도전하는 친구가 그릿이 더 높다.

나도 내가 걸어가야 할 길이 쉽지만은 않다는 사실을 다년간의 직장생활을 통해서 알 수 있었다. 사회가 원하는 훌륭한 표본 공무원에서 모두가 꺼리는 직업인 네트워커로서 삶을 살아가야 하는 나의 문제는 이제 내가 얼마나 끈기 있게 열정을 가지고 일하느냐에 달려 있었다.

다행히 그동안 살아오면서 이런저런 작은 성공들을 경험했던 기억들이 나의 자신감을 높이는 데 크게 기여를 했다. 때로는 근거 없는 자신감이 나를 성장시키는 데 도움이 되기도 한다.

직업을 바꾸는 것은 앞으로 나의 삶 전체가 움직이는 문제였기 때문에 더 신중해질 수밖에 없었다. 후회를 하며 평생을 살고 싶지는 않았기 때문이다. 후회를 줄이기 위해서는 다른 사람 말에 휘둘리지 않을 나만의 가치관과 끝까지 밀고 나갈 소신이 필요했다.

내가 네트워크 사업을 한다고 했을 때 가장 염려됐던 부분이 바로 주변의 시선과 반대였다. 그리고 왜 그게 걱정되는지 곰곰이 생각을 해보니 문제는 바로 나 자신이었다. 나도 네트워크 사업으로 성공하려고 시작하면서, 나부터 이 사업에 대한 확신과 믿음이 부족했다.

뭐든 어렵고 두려운 이유는 잘 몰라서라고 생각했다. 그때부터 나는 내가 이해가 될 때까지 공부하고 알아보기 시작했다. 그리고 모르면 계속 물어보면서 배우다 보니 네트워크 사업의 매력에 푹 빠지게 되었다. 그리고 회사와 제품에 대한 자신감이 생기다 보니 잘못 알고 있는 사람들의 말은 나의 발전에 아무 도움이 안 된다는 사실을 깨닫게 되었다.

그리고 성공하고자 하는 나의 목표가 분명하고 달성하고자 하는 의지가 강해 주변의 부정적인 에너지에 흔들리지 않을 수 있었다. 그리고 나는 스스로 부정적인 에너지를 차단하기도 했다. 아무리 영향을 안 받으려고 해도 내 몸이, 내 생각이 영향을 받기 때문이다.

일본에서 가장 존경받는 '3대 기업가' 중 한 명이자 '살아 있는 경영의 신'이라고 불리는 이나모리 가즈오는 다음과 같이 말했다.

"멋진 인생을 사는 사람의 사고법은 항상 긍정적이기 마련이다. 그들은 남들이 재앙이라고 느낄 만한 사건까지도 긍정적으로 받아들이고 그것을 자신을 성장시킬 좋은 기회로 여기며 감사하게 생각한다. 그러다 보면 실제로 암울한 인생도 분명히 조금씩 나아진다."

실제로 나의 인생은 4년 전과 엄청나게 달라졌다. 처음 공무원을 그만 두고 네트워크 사업을 한다고 했을 때 주변 사람들은 모두 "미친 거 아니야?"라는 반응이었다. 하지만 내가 묵묵히 열심히 하는 모습을 보여주고 꾸준히 성장하는 결과를 보여주니 그제야 "너랑 이 일이 참 잘 어울리는 것 같아."라며 인정해주기 시작했다.

그때 반대했던 몇몇 사람은 지금 함께 파트너로 열심히 일하고 있다. 만약 여러분이 진정으로 하고 싶고 원하는 것이 있다면 도전해보라고 말하고 싶다. 그리고 절대 포기하지 마라. 사람들은 항상 성공하기 바로 직전에 포기한다. 할 만큼 했는데도 안 된다고 생각한다.

하지만 그 마인드부터 바꿔야 한다. 안되는 것도 되게 하려는 강한 의지와 끈기가 당신을 성공으로 이끈다. 포기하려는 생각 대신 안 되는 문제를 찾아 해결할 생각을 하길 바란다. 보물은 바로 여러분이 포기한 그 1cm 밑에 숨어 있다.

06

당신의 삶에도
기적이 일어날 수 있다

기적이란 기적을 믿는 사람들에
일어나는 것이다.

- 버나드 베렌슨 -

40세에 자동차를 만드는 회사 '포드'를 창업한 헨리 포드는 젊은이들에게 다음과 같은 조언을 했다.

"지위 향상을 위해 재산을 아끼지 마라. 젊은이가 해야 할 일은 돈을 모으는 것이 아니라 그것을 사용하여 장차 쓸모 있는 사람이 되기 위한 지식을 모으고 훈련하는 것이다. 은행에 넣어둔 돈은 당신에게 아무것도 주지 못한다.

당신의 돈을 써라. 당신 자신의 발전을 위해 돈을 써라. 유용한 일에 쓰고도 남는다는 말은 노인들이나 할 소리다."

나는 어릴 적부터 외국에 사는 것이 로망이었다. 세상의 기준에 맞추어 살아야 하는 한국 생활이 답답하기도 했고 염색도 자유롭게 하고 옷도 자유롭게 입는 외국이 마냥 좋아 보였기 때문이다. 어렸을 때 부유하지 못한 가정형편으로 외국 경험이 없던 나는 대학에 가서야 중국 교환학생으로 뽑혀 처음으로 해외를 가게 되었다.

지금 생각해 보니 우연한 이 기회가 나를 국제적으로 만들어준 시작점이었다. 중국어라고는 '니하오'밖에 할 줄 몰랐던 내가 우연히 학교 게시판에서 중국 교환학생을 뽑는다는 공고를 보고 지원하기로 마음먹었다.

합격 기준은 HSK(중국어 능력평가) 400점 이상 취득하는 것이었다. 시험 날짜와 장소를 확인하고 친구와 함께 시험을 치렀다. 솔직히 처음에는 호기심 반, '안되면 말지 뭐.' 하는 생각 반이었다. 그런데 막상 시험지를 보고 있자니 까만 건 글씨요 하얀 건 종이였다.

영어 실력도 뛰어나지는 않았지만 초등학교 때부터 배웠던 내공으로 아는 단어 몇 개는 나왔는데, 중국어는 그마저도 녹록지 않았다. 다행히 객관식이었기 때문에 내가 마음에 드는 OMR카드 답란에 까만 색깔 사인펜으로 정성스럽게 색칠을 하고 나왔다. 그렇다. 모두가 아는 바로 그 기술 '찍기'를 하고 온 것이다.

공부를 하나도 하지 않았기 때문에 기대조차 하지 않았던 시험 결과가 한 달 뒤 발표되었다. 공부도 안 했으면서 시험성적을 기대하는 심리는 도대체 무엇일까? 나름 떨리는 마음으로 시험성적을 확인했다. 나는 404점, 친구는 395점이었다. 이 무슨 일인가. 10점도 차이가 나지 않는 점수로 나는 '합격', 친구는 '불합격'이었다. 친구에게는 미안하지만 그렇다고 나까지 좋은 기회를 놓칠 수는 없었다.

교환학생은 학점이 인정되면서 수업만 중국 상해 사범대학교에서 듣는 시스템으로 진행됐다. 사전에 합격한 친구들이 모여 안내 사항을 전달받고 같은 방을 쓸 룸메이트를 배정했다. 30명 정도가 뽑혔는데 다행히 실력이 다들 비슷비슷한 것 같아 안심되었다. 요즘은 정부와 교육기관에서도 많은 무료 지원을 한다. 기준도 생각보다 높지 않은 것들도 많아서 본인의 의지만 있다면 충분히 잘 활용할 수 있다. 작은 기회를 잘 활용하라. 어쩌면 당신에게도 기적이 일어날 것이다.

사람들은 시도조차 해보지 않고 기회를 놓치는 경우가 많다. 본인 스스로 벽을 치고 본인의 한계를 설정해 버린다. 내가 만약 중국어 교환학생에 지원조차 하지 않았다면 나에게 이런 기회는 주어지지 않았을 것이다.

무언가를 배울 때는 힘겹고 비용과 시간이 든다. 그렇지 않은 것이 있는지 한번 생각해보라. 이걸 배워서 어디에 쓰나 하는 생각도 든다. 하지만 세상에 쓸데없는 경험은 없다. 막상 배워두고 경험해보면 뜻하지도 않았던 기회에 10배, 아니 100만 배 이상의 가치가 되어 돌아오기도 한다.

나에게 얼마 전 이런 기적 같은 기회가 빨리 찾아왔다. SNS로 평소 팔로우하며 지켜보던 권동희 작가님에게 인스타그램 DM(다이렉트 메시지)이 온 것이다. 내가 6개월 전에 "작가님, 저는 먼 훗날 작가가 되는 게 꿈인데, 작가가 되려면 혹시 준비해야 하는 것이 있을까요? 그리고 혹시, 평범한 저도 작가가 될 수 있을까요?"하고 먼저 메시지를 보냈다.

권 작가님은 6개월 전 DM을 정리하시다가 우연히 내 메시지를 보시고 도움을 주고 싶어서 연락하셨다고 했다. 평소에 좋아하던 작가님께 전화를 받다니 나는 너무 기뻤다. 권 작가님은 작가가 되고 싶은 나에게 꼭 읽어야 할 추천도서 『김대리는 어떻게 1개월만에 작가가 됐을까?』와 함께 김도사님과의 1:1 상담을 추천해주셨고 김 도사님을 통해 〈한국책쓰기1인창업코칭협회(한책협)〉 카페를 알게 되었다.

정말 우연인 것은 마침 그 무렵 나는 한책협 본사가 있는 분당으로 이사를 오게 되었다. 우주의 기운과 끌어당김의 법칙을 믿을 수밖에 없었다. 김도사님은 평소 구독중이던 유튜브 채널 〈김도사TV〉를 통해서 250

여 권의 저서, 1,100명이 넘는 작가를 배출하신 대단한 분이라고 알고 있었다.

그리고 한책협을 방문해 1:1 코칭을 받고 나의 평범한 이야기도 책 쓰기 소재가 될 수 있다는 사실을 알게 되었다. 처음에는 '작가는 특별하고 재능 있는 사람'만 할 수 있다는 편견이 있었다. 그런데 김도사님과 이야기를 나누면서 내가 가난한 사람의 마인드를 가지고 있었다는 것을 깨달았다. 짧은 만남이었지만 엄청난 의식변화가 되는 만남이었다. '그동안 하고 싶으면서 왜 해봐야지 하는 생각을 한 번도 해보지 않았을까?' 하는 생각이 들었다.

김도사님은 부자가 되기 위해서는 위치를 바꿔야 한다고 말씀하셨다. 그리고 그 위치를 바꾸는 가장 쉬운 방법이 바로 책 쓰기라고 알려주셨다. 나는 내 인생을 업그레이드해줄 한책협의 '책쓰기 과정'을 수강하기로 마음먹고 지금 당당히 책을 쓰고 있다. 처음에는 어떻게 책을 써야 하는지도 모르고 막막하고 답답하기만 했다. 하지만 하나씩 배워가면서 체계적으로 글쓰기를 배울 수 있었고 무엇보다도 결과가 바로바로 나오는 수업방식이 몹시 마음에 들었다.

가장 좋았던 것은 지금까지 내가 경험한 모든 것이 책을 쓰는 소재가 되고 그 노하우가 누군가에게 도움이 된다는 사실이다. 그리고 〈1인 창업 과정〉을 통해 작가가 된 이후에도 독자와 소통하며 그들의 삶을 바꿀 수 있게 도움을 줄 수 있다는 사실도 알게 되었다. 그리고 인생은 내가 의도한 대로 살게 된다는 엄청난 사실도 깨닫게 되었다.

나는 일회성으로 책 출판을 배운 것이 아니라 평생 책을 쓸 수 있는 기술을 배웠다. 어떻게 책을 기획하고 완성하는지 디테일한 과정까지 알려주셨다. 나처럼 평범한 사람들도 나의 경험을 세상에 알리고 기회와 위기가 공존하는 이 시대에 메신저로서 살아갈 수 있다는 사실도 알게 되었다.

나는 비용과 시간 중에 선택하라면 시간을 아끼는 편이다. 그 비용을 투자해서 그 비용보다 더 많은 것을 얻을 수 있다면 기꺼이 배우는 데 돈을 아끼지 말라고 이야기하고 싶다. 20~30대는 무엇이든 시도할 수 있는, 인생의 황금기이다.

당신이 원하는 무엇이든 도전해볼 만한 가치가 있다. 그것이 악기든, 외국어든, 나처럼 책 쓰기이든 말이다. 무언가 해보고 싶은 분야를 도전해본다는 것, 익숙하지 않고 두렵지만 무엇을 배운다는 것은 어쩌면 때때로 우리의 인생에 기적을 가져다주는 절호의 기회가 될지도 모른다.

학창 시절에 나에게는 흔히 말하는 노는 친구가 있었다. 그 친구는 학기 중 절반은 학교에 나오지 않았고 친구의 엄마는 매일 친구들에게 전화해서 딸의 행방을 묻곤 했다. 그 친구는 결국 고등학교에 진학하지 않았다. 그 뒤로는 소식을 알 수 없었다. 경기도 쪽에 있는 공장에서 일한다는 이야기만 가끔 들릴 뿐이었다.

나는 대학에 진학했고 연락이 끊기게 되었다. 내가 대학 시절에는 한참 동창 찾기 사이트가 유행했다. 거기서 연락이 끊겼던 친구들의 소식을 전해 들을 수 있었고 마음이 맞는 친구들은 모임을 만들고 정기적으로 만남을 이어가기도 했다. 나도 그 동창 찾기 사이트에서 연락이 끊겼던 노는 친구를 다시 만날 수 있었다. 열다섯 살에 헤어졌으니 꼬박 10년 만이었다. 나는 그동안 친구의 근황이 궁금했다. 학교는 진학했는지, 무슨 일을 하는지, 결혼은 했는지 많은 것들이 궁금했다. 그리고 학업을 제대로 마치지 못한 친구가 사회에서 잘 적응하고 있을지 한편으로는 걱정이 되기도 했다.

그런데 나의 예상과는 달리 그 친구는 국내 최고 기업의 팀장이 되어 있었다. 나는 머리를 한 대 얻어맞은 것 같았다. 내가 상상하던 친구의 미래와는 완전히 달랐기 때문이다. 친구는 중학교 중퇴를 했지만 열일곱 살에 철이 들어 과거의 행동을 반성하고 남들보다 늦게 공부를 다시 시작했다고 했다.

중고등학교 과정은 검정고시로 졸업을 하고 실업계 전형으로 대기업 생산직으로 입사했다고 했다. 근무한 지 몇 년 뒤 우연한 기회에 운 좋게 사무직 직원으로 뽑혀서 승진하게 됐고 지금의 자리까지 오를 수 있었다고 했다.

칸트는 "세상에서 자신에게 할 수 있는 가장 가혹한 짓은 배우지 않는 것이다."라고 말했다. 나는 삶을 가장 빠르게 바꾸는 방법은 배움이라고 생각한다. 15세에 다들 날라리라고 놀렸던 내 친구의 삶이 배우고자 하는 의지로써 화려하게 바뀐 것처럼 말이다.

만약 당신이 가보지 못한 길 위에서 갈지 말지 망설이고 있다면 그 길이 정말 원하는 길인지 다시 한번 묻고 싶다. 그리고 만약 그 길이 정말 원하는 길이라면 나는 망설이지 말라고 조언하고 싶다. 어쩌면 당신의 삶에도 기적이 일어날 수 있기 때문이다.

내 삶의 운전대는
내가 잡아야 한다

자신의 능력을 믿어야 합니다.
그리고 끝까지 굳세게 밀고 나가세요.

– 로잘린 카터 –

친구들을 만나면 언제나 나오는 얘기가 바로 '사람 때문에 직장생활이 힘들다'는 하소연이다. "내 상사는 도대체 왜 그러는지 이해가 안 돼." 그리고 "직장 동료가 이럴 때 나는 어떻게 해야 돼?"라고 질문한다.

하지만 이 이야기는 언제나 해답이 없다. 왜냐하면 그 문제의 해결책은 본인들이 아닌 다른 누군가가 쥐고 있기 때문이다. "상사가 나에게 부당한 일을 지시해서 힘들다."라는 말은 상사가 일을 줄 때마다 괴롭고, 상사가 일을 주지 않아야만 행복해진다는 이야기이다. 즉, 나의 행복의 열쇠를 내가 아닌, 바로 내 상사가 쥐고 있는 것이다.

여자들의 만남에 또 하나 꼭 빠지지 않는 이야기가 있다. 바로 남편 이야기이다. 물론 부부관계에서는 서로의 의견을 존중하고 배려하는 것이 이론적으로 맞는 이야기이지만 일부 남편들은 아내와 자식들을 자신의 소유물로 생각하기도 한다.

나는 주변에서 일하고 싶어도 일하지 못하는 아내들을 많이 보았다. 그녀들은 직장에 나가서 경제활동을 하고 싶어도 남편들이 "네가 나가서 얼마나 버는데, 그냥 애나 똑바로 봐."라는 말에 상처를 받고 결국 포기를 한다.

본인의 꿈을 이루기 위해서 도전하고 실패해볼 기회조차 없는 것이다. 그러기 위해서는 육아 문제를 온전히 혼자 해결해야만 했다. 집안 살림이나 육아를 본인 일처럼 도와주는 남편들은 많지 않았다. 직장에 다녀도 살림과 육아는 온전히 엄마들의 몫이고 잘 도와주는 남편들이 있어도 아내들은 항상 미안하고 고마워해야만 했다.

나는 미혼에 아이가 없어서 인지는 몰라도 이해되지 않는 부분이 많다. '왜 같은 부모이고 자기 자식인데 언제나 '엄마'의 의무만 강요하는 것일까?' 이 부분을 싸워서 쟁취하면서까지 나와서 경제활동을 할 수 있는 엄마들은 많지 않다.

언제나 그녀들의 삶의 우선순위는 자식과 남편이었다. 아빠들은 회식할 때 전화 한 통으로 통보하면 되지만 엄마들은 회식이 생기면 아이들 픽업부터 저녁 식사 돌보미 선생님들까지 챙길 것이 한두 가지가 아니다. 그리고 다음 날 아이가 준비물을 챙기지 못하면 죄책감은 온전히 엄마의 몫이 된다.

나의 일본인 친구가 학교에서 원어민 교사를 하던 시절이었다. 한국말도 잘하고 아이들과 소통도 잘하며 본인 직업에 굉장한 자부심을 가지고 있는 친구였다. 4년간 한 학교에서 근무하며 누구보다 아이들과 잘 소통하고 일본어를 쉽게 가르치려는 사명감을 가지고 근무했던 그녀는 어느 날 청천벽력 같은 이야기를 듣게 되었다. 바로 다른 지역으로 전근을 가라는 이야기를 들은 것이다.

그녀가 전근가야 하는 학교는 지금 근무하는 곳에서 2시간가량 떨어진 곳이었고 그녀는 일본에서 한국으로 온 뒤 줄곧 한 지역에서만 거주한 친구였다. 당황한 그녀는 교장 선생님을 찾아가 이유를 물었다. 교장선생님께서는 "선생님이 우리 학교에서 4년간 열심히 일해주셨는데 갑자기 왜 이런 결정이 났는지 모르겠네요."라고 말씀하셨다.

그녀는 결국 교육청을 찾아갔고 수소문 끝에 왜 그녀가 전근해야 하는지 이유를 알게 되었다. 바로 그녀와 함께 근무하던 한 선생님이 그녀를 못마땅하게 여겼던 것이었다.

보통 선생님들은 한 학교에 4년까지 근무를 한 뒤 다른 학교로 옮긴다. 정규 교사는 옮겨 다니는데 한 학교에서 편하게 일하는 그녀가 마음에 들지 않았던 모양이다. 그래서 교육청에 있는 인맥을 활용해 그녀를 다른 지역의 선생님과 교환을 한 것이었다.

문제는 다른 지역에 있는 선생님한테도 일어났다. 그 일본인 선생님은 8년째 한 지역에서 근무하고 계셨고 가정을 이루고 계신 아이가 셋인 가장이었다. 갑자기 누군가의 보이지 않는 힘에 의해 두 선생님의 인생이 송두리째 흔들린 것이다.

그녀는 교장 선생님께 달려가 억울한 사연을 이야기했다. 왜 가야 하는지 타당한 이유가 없고 누군가의 기분에 의해 불편함을 감수하고 가야 되는 상황이 이해되지 않는다고 말이다. 그녀의 말을 듣고 교장 선생님께서 강력하게 교육청에 건의한 끝에 그녀는 계속 그 학교에서 일할 수 있게 되었다.

그녀는 나에게 이런 말을 했다. "정확한 룰이나 규정 없이 본인의 권위

와 지위를 이용해 누군가의 인생을 움직이는 사람들이 있어요. 그 피해자가 내가 되니 너무 화가 났어요. 내가 만약 교장 선생님과 관계가 좋지 않고 교장 선생님이 강력하게 건의하지 않으셨다면 나와 그 선생님은 고스란히 피해를 입었을 거예요!"

나는 한국 사람으로서 외국인에게 한국에 대해 안 좋은 이미지를 심어준 것만 같아 몹시 부끄러웠다. 만약 그녀처럼 본인이 당한 부당함을 스스로 증명하려 시도하지 않았다면 아마 계속 끌려다니면서 억울함을 느끼며 살았을 것이다.

살다 보면 상사, 가족, 친구, 고객에 의해 이해할 수 없는 부당한 대우나 억울한 상황에 처하기도 한다. 그럴 때 끌려다니지 말고 "No! Why?"라고 외칠 수 있는 삶을 살길 바란다.

MBC에서 방영되었던 〈거침없이 하이킥〉이라는 예능에서 박해미는 당당하고 능력 있는 엄마이자 여성 전문병원 한의사 역할로 나온다. 스승의날 특집으로 아들 윤호와 민호가 있는 반에서 일일 교사를 하게 된 박해미는 학생들에게 이런 이야기를 한다.

"누군가 나에게 '오케이'라고 얘기해주는 삶을 살지 말자. 내가 먼저 '오케이'라고 내가 선택하고 결정하는 그런 사람이 되자!"

　초보운전을 할 때는 모든 것이 두렵고 어렵기만 하다. 하지만 매일 반복하고 부딪히다 보면 6개월 뒤에는 어느 순간 나의 손과 발이 나도 모르게 움직이고 있다는 것을 느끼게 될 것이다. 비록 서툴고 실수를 하더라도 내 삶의 운전대를 다른 누군가에게 맡기지 말자!

08

행동하는 사람만이
인생을 스스로 이끌 수 있다

꿈과 목표, 그리고 자신의 신념을
실현하는 유일한 방법은 '행동'이다.

– 피터 드러커 –

매년 새해가 되면 새로운 나로 태어나기 위해 엄청나게 많은 목표를 세운다. 어떻게 변함없이 이렇게 똑같을 수가 있는지 놀라울 지경이다. 먼저 모든 사람의 공통 목표인 다이어트다. 일단 멋진 몸매의 사진을 인화해 잘 보이는 곳에 붙여놓고 '나도 저렇게 되어야지.' 하고 굳게 다짐한 뒤 헬스장을 등록한다.

그리고 인터넷 쇼핑으로 요가복을 사고 운동화를 주문한다. 아참, 샐러드 주문도 빼놓을 뻔했다. 닭가슴살과 5일 치 샐러드가 정기적으로 배송이 되게 세팅을 해 놓는다. 이 정도면 엄청나게 많이 행동했다고 생각한다. 하지만 현실은 일주일을 못 버틴다. 이유는 아마 모두 공감하는 '내일부터 해야지! 내일부터 할 거야!'이다.

　이외에도 독서, 공부, 자기계발, 금융, 시간 관리 등 내가 살고 싶은 삶은 저 멀리에 있는데 현실은 침대와 한 몸이 되어 있는 경우가 많다. 이런 나를 일어나서 움직이게 한 책이 있다.

　바로 팻 맥라건의 『바보들은 항상 결심만 한다』이다. 책 제목이 말해주듯 이 책에서는 결심만 하는 사람들에게 그 결심을 행동으로 옮겨야 성공한다고 주장하고 있다.

　저자는 그의 저서에서 다음과 같이 말한다.

　"변화에 적응하고, 변화에 영향을 미칠 수 있는 능력을 보유하는 것이 무엇보다 중요합니다."

　우리는 변화에 적응하기도 힘든데 심지어 영향까지 미쳐야만 성공하는 시대에 살고 있다.

　20대 후반에 나는 자유여행을 즐겼다. 핸드폰으로 저렴한 호텔을 검색하면서 외국에서 숙박하는 비용이 아깝다는 생각이 들었다. 그래서 '아

우리 집은 비어 있는데 미국 친구가 우리 집 와서 자고 내가 그 집에서 생활할 수 있으면 참 좋을 텐데….'라는 생각을 했다.

나는 여행을 다닐 때마다 다양한 경험을 하며 이것저것 불편한 것들을 개선할 방법을 생각했다. 경치가 멋진 곳을 여행할 때는 '가끔은 호텔이 아닌 멋진 집에 하루라도 묵을 수 있으면 얼마나 좋을까?'라는 생각을 하기도 했다.

그리고 여행지에서 그 나라 언어를 모르면 호텔이 아닌 이상 택시 부르기가 너무 어려웠다. 그럴 때면 '한국처럼 콜택시가 있었으면 좋을 텐데….'라고 늘 친구와 이야기했다.

지금 생각해보면 나는 그 불편함을 계속 생각만 하고 있었고 누군가는 이 아이디어를 '카우치서핑'이라는 사업으로, '에어비앤비'라는 사업으로, '우버'라는 사업으로 발전시켰다. 그리고 그들은 젊은 나이에 억만장자가 되었다.

나는 절실하게 필요하다고 생각했으면서도 '이게 될까?'라고 생각하며 강한 확신이 없었다. 만약 내가 강한 확신을 가지고 아이디어를 행동으로 옮겨 도전해봤다면 지금쯤 엄청난 부자가 되어 있을지도 모른다.

물론 누구나 행동하는 사람이 성공한다는 사실은 다 알고 있을 것이다. 아마 이 글을 읽는 순간에도 나처럼 실천이 잘되지 않아서 시도조차 하려고 하지 않는 사람들이 많을 것이다.

나처럼 무엇부터 시작해야 될지 망설이는 사람들을 위해 제임스 클리어의 『아주 작은 습관의 힘』을 추천한다. 최고의 변화를 만들기 위해서는 아주 작은 습관부터 바꿔야 한다. 저자는 성공에 대해 다음과 같이 말한다.

"성공은 도달해야 할 목표나 결승점이 아니다. 발전하기 위한 시스템이고 개선을 위한 끝없는 과정이다. 이미 말했듯이 습관을 바꾸는 데 어려움을 겪고 있다면 문제는 당신이 아니다. 문제는 당신의 시스템이다. 나쁜 습관들은 계속 반복되는데 이는 당신이 변화하길 원치 않아서가 아니라 잘못된 시스템을 가지고 있기 때문이다."

나는 내가 잘못되지 않았다는 말에 일단 위로를 받았다. 그리고 잘못된 시스템을 개선하기 위해서 책에서 말하는 〈네거티브 네 가지 전략〉을 잘 따라 하기로 했다. 제임스 클리어가 말하는 네거티브 네 가지 전략은 다음과 같다.

"때때로 습관을 기억해내기 어렵다면 '분명하게' 만들 필요가 있다. 시작할 기분이 들지 않는다면 '매력적으로' 만들 필요가 있다. 어떤 습관들이 지나치게 어려운 것이라면 '하기 쉽게' 만들 필요가 있다. 그 습관들을 꾸준히 할 기분이 들지 않는다면 '만족스럽게' 만들 필요가 있다.

매일 운동하는 것이 목표라면 '운동화 끈 묶기'부터 시작해보는 것이다. 책을 쓰는 것이 목표라면 '작가 되기'라는 어려운 목표보다는 '무슨 문장이든 한 줄 쓰기'라고 시스템을 만들면 무척 쉽고 재미있게 느껴질 것이다. 그리고 10일 달성했을 때 나를 위한 포상으로 '하루 종일 TV 마음껏 보기'나 30일 달성했을 때 '갖고 싶었던 물건을 선물해주기'를 하는 것도 만족스러운 시스템이 될 것이다.

그리고 아무리 성공하기 쉬운 시스템을 갖추고 보상이 만족스럽다고 해도 결국은 내가 행동하지 않으면 모두 무용지물이다. 성공한 사람들의 공통점을 살펴보면 모두 남들보다 더 열심히 노력하고 행동했다는 사실을 알 수 있다.

같은 동네에서 자라 똑같은 나이에, 똑같은 학교를 졸업하고, 같은 직장에 다니는 두 친구가 있다. 한 명은 월급이 100만 원이고 다른 한 명은 월급이 1,000만 원이라고 하자. 비슷한 교육을 받고 비슷하게 자란 두 친구의 연봉은 왜 차이가 나는 것일까?

그렇다. 100만 원 받는 친구보다 1,000만 원 받는 친구의 가치가 더 크기 때문이다. 그 친구는 자신의 가치를 높이기 위해 앞의 친구가 하지 않았던 무언가를 했을 것이다. 영어공부를 했을 수도 있고 성공하기 위해 매일 책을 보고 공부를 했을 수도 있다.

내 인생을 그 누구도 대신 살아주지 않는다. 지금보다 더 나은 삶을 살기 위해 내가 스스로 나를 좋은 방향으로 이끌어 가야만 한다. 그러기 위해서는 상황이나 사회 탓을 하기 전에 나를 뒤돌아보고 내가 내 인생의 주인이 되어 한 걸음씩 나가야만 한다.

행 : 행동하는
운 : 운명

행운도 당신이 행동할 때 따라오는 것이다. 당신의 운명에 행운이 가득하길 바란다.

4장

마음이
내게
행복하다고
말하는
삶을 살아라

01

내가 7급 공무원을
박차고 나온 이유

많은 사람들이 자신의 열정이
어디로 향하고 있는지 모른다.

– 로버트 캐플런 –

　요즘 주변을 둘러보면 공무원을 준비하는 친구들이 참 많다. 학원가에
가면 지쳐 보이는 얼굴로 책을 들여다보며 시험을 준비하는 젊은 친구들
을 많이 볼 수 있다. 학생들뿐만 아니라 나이가 드신 분들도 공무원 시험
에 많이 응시한다고 한다.

　사람들은 공무원을 최고의 직업이라고 한다. 나도 어릴 적에 부모님
께 공무원이 되는 것이 가장 효도하는 것이라고 배웠다. 도대체 왜 공무
원이 최고의 직업이라고 하는 것일까? 아마도 은퇴 후에 연금을 받을 수
있는 것이 가장 압도적인 이유이지 않을까? 그리고 큰 문제가 없다면 정

년까지 일자리가 보장된다는 것도 큰 장점이다.

그렇다면 나는 왜 다른 사람들이 그렇게 선호하는 7급 공무원을 박차고 나왔을까? 세상의 기준에 완벽했던 공무원 생활을 하면서 나는 단 하루도 행복한 적이 없었다. 이렇게 얘기하면 누군가는 '복에 겨운 소리'라고 할지도 모른다.

하지만 부족할 것 없을 것 같은 연예인들도 어떠한 이유로 자살을 하기도 하며 남부러울 것 없이 보이는 재벌가 사람들도 인생의 회의감을 느끼며 마약이나 범죄로 인생을 망치기도 하지 않는가!

아마 나도 내가 경험해보지 않았다면 다른 사람이 '공무원을 그만뒀다'라고 했을 때 똑같이 "미쳤다."라고 말했을 것이다. 하지만 지금은 생각이 많이 바뀌었다. 꼭 세상의 기준으로 '훌륭하다, 좋다'라고 정해놓은 직업이라 해도 절대적으로 행복한 것은 아니라는 것을 깨달았다.

모든 직업은 각자의 장단점이 있고 무엇보다도 사회적인 지위나 명예보다 내가 가장 행복할 수 있는 직업을 선택하는 것이 더욱 중요하다는 것을 깨달았다. 일을 하면서 돈을 버는 것 이외에 직장에서 느끼고 배워야 하는 것들은 너무 많기 때문이다.

그렇다면 직장 내에서 이 '행복'이라는 것은 도대체 무엇일까? 예전에 학교에 근무하던 시절 옆 반 선생님께서 교실에 비싼 1인용 소파를 들여놓으신 것을 본 적이 있다. 보통 교실에는 선생님 책상과 아이들 책상 이외에는 필요한 물건만 두는데, 유난히 교실을 꾸미시는 선생님을 보고 너무 궁금해서 선생님께 여쭤보았다.

"선생님, 교실에 이렇게 비싼 소파를 왜 두시는 거예요?"

선생님은 웃으시며 "내가 하루 중에 학교에서 보내는 시간이 제일 길잖아. 학교에 놓아야 내가 제일 많이 사용하고 그 시간 동안 행복할 수 있지!"라고 말씀하셨다.

그 말씀이 나에게는 굉장히 충격적이었다. 하루 중 가장 많이 머무르는 직장과 하루 종일 함께하는 직장 동료가 얼마나 중요한지를 미처 깨닫지 못하고 있었던 것이다. '내가 하루 중 8시간 이상 근무하는 직장에서 8시간 내내 불행함을 느낀다면 나 스스로를 너무 고문하고 있는 것은 아닐까?'라는 생각이 들었다.

내가 힘든 이유 중 가장 큰 비중은 바로 팀장님이었다. 팀장님은 미혼인 중년 여성이었는데 처음에는 어느 정도 잘 맞는 것 같았다. 하지만 시간이 지날수록 납득이 되지 않는 일들이 나에게 일어나기 시작했다. 내가 느끼는 하루하루는 지옥과 같았다. 정말 '업무가 힘든 건 참아도 사람이 힘든 건 못 참는다.'라는 말을 새삼 느낄 수 있었다.

더 억울한 것은 나를 부당하게 대하는 그녀에게 아무 대항도 할 수 없었다는 사실이다. 아무리 팀장님이 잘못했어도 이제 들어온 신입이 팀장님한테 불만을 제기한다면 아무도 내 편을 들어주지 않을 것임을 알기 때문이었다. 지금처럼 건강한 정신이었다면 혼자여도 굳세게 싸웠을 것이다. 하지만 모든 것이 낯설고 익숙하지 않았던 나는 그렇게 혼자 조용히 스스로를 병들게 만들었다.

어느 날 점심을 먹고 100평이 넘는 사무실을 쭉 둘러보았다. 갑자기 이 넓은 공간에 나 혼자 남겨진 기분이었다. 모든 것이 슬로우 모션처럼 지나가고 배경이 점차 흐릿해졌다. 나는 팀장님을 한번 바라보았다. '내가 승진을 하면 팀장님이 되겠지?' 그리고 부장님을 바라보았다. '내가 여기서 30년을 일한다면 부장님처럼 되겠지?' 직장 생활에서는 그들이 나의 미래였다. 그런데 내가 되고 싶은 모습은 그곳에 없었다. 그렇다. 나는 확실히 그들처럼 되고 싶지 않았다!

롤모델이 없는 미래는 비전이 없다는 생각이 들었다. 아무리 열심히 일해서 능력을 쌓는다고 해도 내가 팀장님이나 부장님의 월급을 절대 뛰어넘을 수 없었다. 내 옆에 계신 계장님은 아침에 출근해서부터 신문만 보신다. 나는 일이 산더미처럼 쌓여 있는데 나보다 월급이 많은 계장님은 출근해서 시간만 때우며 점심시간만 기다리신다. 매일 한숨이 늘어가는 하루하루를 보내야만 했다.

물론 열심히 일하는 공무원들도 너무나 많다. 일부 비정상적인 행동을 하는 사람들 때문에 늘 다수가 피해를 보는 일은 잦다. 일을 잘하는 사람에게만 몰아주고 일을 못하는 사람은 시켜봤자 일의 진전이 없으니 웬만하면 가장 쉬운 업무를 주거나 주요 업무를 맡기지 않게 된다. 나는 연봉체계가 부당하다고 생각했지만 모든 것이 나 혼자의 힘으로는 바뀌지 않는다는 사실을 깨달았다.

버티면 월급은 받을 수 있는 공무원이었지만 내가 월급을 축내는 무능한 사람이 된 것만 같았다. 내가 경험한 그곳은 성취감도 없었고 비전도 없었다.

공무원 생활을 했던 1년은 나에게는 지우고 싶은 기억이다. 실제로 많은 것들이 기억이 나지 않을 정도로 나에게는 힘듦의 연속이었다. 단순히 불만만을 제기하려고 말하는 것이 아니다. 나의 시행착오를 반복하지 않기를 바랄 뿐이다.

지금 공무원을 준비하는 친구들에게 꼭 조언해주고 싶다. 지금 준비하고 있는 일이 진정 오래 하고 싶은 일인지를 더 신중히 생각해보라고 말이다. 단순히 '잘리지 않고 오래 일할 수 있어서'라는 생각으로 준비하고 있는 사람은 잠시 멈추길 바란다. 나처럼 당신이 생각하는 장점 이외에 수많은 변수가 생길지 모르니 말이다. 그렇게 인생을 낭비하기엔 당신의 인생은 너무 소중하다.

02

겉은 번듯한 공무원,
실상은 우울증 환자

선택보다 더 중요한 것은
선택 이후의 애씀입니다.

- 도연 스님 -

다음 주면 유럽 해외 출장이 있는 날이었다. 그날도 집에 가지 못하고 며칠째 야근을 하고 있었다. 오늘도 어김없이 친구들에게 전화가 왔다.

"너 이 지지배 어디야?"

"나 회사야."

"거짓말 하지 마. 무슨 공무원이 11시까지 일을 해."

"진짜야!! 못 믿겠으면 지금 와서 봐봐."

한 시간 뒤 친구는 커피를 사 들고 회사 앞에 도착했다. 그리고는 먼저 깜짝 놀라면서 말했다.

"지금 시간이 몇 시인데, 주차장에 왜 이렇게 차가 많아?"
"봐~ 거짓말 아니지? 우리 다음 주에 출장 있어서 우리 부서만 바빠."

친구는 위로하는 눈빛으로 커피를 내밀었다. 그렇게 일주일간 출장지에 대한 정보를 책으로 만드는 작업을 마치고 프랑스 소도시로 출장을 가게 되었다. 프랑스 파리 공항에서 환승을 해서 국내선으로 갈아타야 하는 일정이었다.

나도 파리 공항을 처음 가보는데 그 넓은 공항에서 실수 없이 길을 척척 안내해야 되는 것이 내 업무 중 하나였다.

불어에 까막눈이었던 나는 프랑스 공항에 대해 인터넷을 샅샅이 뒤지기 시작했다. 파리 공항이 복잡하게 느껴졌던 이유는, 국제선 짐을 찾아서 다시 국내선 짐 검사하는 데까지 옮겨가야 했기 때문이다. 함께 출장 간 다섯 명이 모두 나만 쳐다보고 있었다.

굉장히 멋질 것이라고 상상했던 해외 출장과는 다르게 나의 현실은 외국인 노동자와 다를 것이 없었다. 출장을 갈 때마다 나는 한 달 내내 스트레스와 사투를 벌이며 과도한 업무에 신경이 곤두서 있었다.

나는 제일 큰 내 캐리어를 끌면서, MOU 플래카드, 무거운 선물 박스 등 챙길 짐이 너무나 많았다. 결국 이동하는 과정에서 절대 없어서는 안 될 MOU 플래카드를 프랑스 파리 공항에 그대로 남겨놓고 왔다는 사실을 깨달았다. 그 사실이 생각나는 순간 온몸에 털이 곤두서는 것 같은 느낌이었다.

14시간의 비행을 마치고 도착했을 때 우리를 기다리는 것은 6인용 봉고차였다. 제일 덩치 큰 주사님이 앞자리에 타시고 나는 가장 불편한 좌석인 좁은 봉고차 가운데 뒷자리에 앉게 되었다. 왼쪽은 팀장님, 오른쪽은 본부장님이 앉아 계신 딱 중간에 이러지도 저러지도 못하는 상태가 되어 버린 것이다. 몹시 불편한 자세로 3시간을 더 가야 하는 상황이었다.

1시간 정도 달렸을 때 불편하게 다리를 가운데 자리에 다리를 모으고 있는 내가 안쓰러우셨는지 본부장님께서는 "불편하면 다리 이쪽으로 내려도 돼."라고 말씀해주셨다. 나는 당연히 "괜찮습니다. 편해요."라고 답하며 빨리 목적지에 도착하기만을 바랐다.

드디어 3시간 동안 고속도로를 달려 예약해둔 숙소에 도착했다. 그런데 현지 에이전시 직원 숙소는 여기가 맞는데 우리 한국 직원들 숙소는 여기서 한참 떨어진 다른 지점이라는 것이다. 내 얼굴은 순간 창백해지기 시작했다. 숙소는 이미 수없이 확인하고 사전에 이메일로 몇 번이나 주고받은 내용이기 때문이었다.

팀장님은 바로 화를 내시며 나를 나무라셨다. "너 일 똑바로 안 해!" 나는 억울했다.

"아닌데, 여기 분명히 맞아요. 팀장님! 제가 이메일을…." 말을 채 끝내지 못한 채 현지 직원이 "너무 바쁘셔서 잘못 예약하신 것 같아요. 여기서 30분 정도 더 가면 된다고 하니까 이동하시죠."라고 말해 우리는 다시차에 올라탔다. 팀장님은 나를 밀치며 말했다. "됐어, 빨리 찾아가! 피곤해 죽겠어. 너 가서 봐!"

새로운 숙소에 도착해 더 비싼 돈을 지불하고 다시 호텔을 잡았다. 침대에 눕는데 가슴이 조여오기 시작했다. 크게 심호흡을 하기 시작했다. 그래야만 숨이 쉬어질 것 같았다. 와이파이를 연결하고 친구들에게 온 문자메세지를 확인했다.

'너 프랑스 갔다며? 좋겠다, 내 선물 사와!'
'해외 출장 부럽다, 나도 출장 가는 게 꿈인데.'
'너 진짜 출세했구나, 나도 유럽 가고 싶다.'

'쇼핑 가면 꼭 연락해줘, 나 사고 싶은 거 있어.'
'예쁜 사진 많이 찍고 와, 부럽다.'

나는 오늘 하루종일 머피의 법칙을 겪었는데, 친구들 눈에는 내가 럭 서리하게 유럽 여행 온 여행객으로 보이는 모양이었다. 일일이 대답해줄 시간도 없었다. 내일 업체를 만나 발표할 자료를 점검하고 내일 입을 정 장도 다려놓아야 했다. 캐리어 안에서 휴대용 다리미를 꺼냈다.

'내가 고데기가 아니라 휴대용 다리미를 들고 다닐 줄이야.'

새벽까지 일을 하다가 지쳐 잠들었다. 깜짝 놀라 일어났더니 새벽 4시 반이었다. 다시 가슴이 조여오기 시작했다. 태어나서 처음 느껴보는 몸 의 이상 신호라서 어떤 약을 먹어야 할지 몰랐다. 주섬주섬 챙겨온 비상 약 중에서 진통제를 골라 먹고 다시 잠을 청했다.

남들 보기엔 번듯한 공무원이었지만 나는 하루하루를 버티며 살아가 는 마음이 병든 환자였다. 드라마 〈사이코지만 괜찮아〉의 마지막 회에 나오는 동화책의 내용이 참 와닿아 소개하고 싶다. 이 동화에는 그림자 마녀에게 진짜 얼굴을 빼앗겨버린 세 사람이 등장한다. 첫 번째는 입꼬 리만 웃는 가면을 쓴 소년, 두 번째는 소리만 요란하고 속이 텅 빈 깡통공주, 그리고 마지막으로 답답한 박스 안에 갇혀 사는 아저씨이다. 이 세 사람은 본인의 원래 얼굴을 드러낼 수가 없어 서로 매일 오해하고 싸워 댔다.

세 사람은 진짜 얼굴을 찾으러 가는 과정에서 가시꽃밭에서 옷을 벗고 춤을 추는 광대를 만났다.

"너는 왜 가시에 찔려가며 열심히 춤을 추고 있니?"
"이렇게 해야 사람들이 나를 봐줄 것 같아서. 근데 아프기만 하고 아무도 봐주지 않아."

이 광대의 모습이 꼭 내 모습을 보는 것 같았다. 세상의 기준에 맞추어 살아보고자 가시에 찔리는 줄도 모르고 상처투성이가 되어버린 것만 같았다. 동화의 결론은 위험에 처한 소년과 깡통공주를 구하기 위해 박스 아저씨가 박스를 벗어 던지면서 가장 먼저 진짜 얼굴을 되찾는다. 그리고 엉망이 된 아저씨의 모습이 너무 웃겨 깔깔깔 웃다가 소년의 가면이 벗겨지고, 깡통공주의 깡통이 떨어지며 마침내 세 사람은 진짜 얼굴을 찾게 된다.

어쩌면 우리도 진짜 얼굴을 찾기 위해서 박스 아저씨처럼 '박스를 벗어

던질 용기'가 필요한 것이 아닐까? 눈을 감고 내가 진짜 원하는 것이 지금의 삶인지 생각해보자. 그리고 벗어던져야 할 것들을 찾아보자. 내 경험에 의해 얻은 결론은 세상엔 거저 얻어지는 것은 절대 없다는 것이다. 무엇을 포기할지를 먼저 선택해야 한다. 선택은 무엇을 얻을지가 아니라 무엇을 포기할지 결정하는 일이다.

03

퇴사하기 전에
알아야 하는 세 가지

행복해지고 싶다면 '그때 그랬더라면' 이라는 말대신
'이번에야 말로'라는 말로 바꾸어라.

- 스마일리 브랜튼 -

　　요즘 젊은 친구들은 예전과는 다르게 한 직장에서 정년퇴직을 꿈꾸지 않는다. '평생 직장은 없다. 평생 직업만 있을 뿐이다.'라는 말이 있듯이 본인이 원하는 가치관을 따라서 이직을 쉽게 하곤 한다. 워라밸을 꿈꾸는 사람들은 연봉이 적더라도 복지나 근무시간이 유연한 직장을 택할 것이고, 본인의 능력을 펼칠 수 있는 직장을 선호하는 사람들도 있을 것이다.

　　그리고 나처럼 능력과 결과에 따라 더 많은 수입을 얻고 싶어 하는 사람들도 있을 것이다. 나도 사직서를 쓰기까지의 과정이 쉽지만은 않았다. 직장인들은 평생 '사직서'를 가슴에 품고 다닌다는 말도 있을 정도로 모두 퇴사를 고려해보았을 것이다.

하지만 멋지게 사표를 내던지고 나올 수 없는 이유는 바로 딱히 지금 직장보다 나은 '대안'이 없기 때문이다. 이러지도 저러지도 못하는 상황을 보고 있노라면 부모 탓, 나라 탓, 경제 탓을 할 수밖에 없다.

하지만 혹자는 지금 시대가 단군 이래, 자수성가해서 돈 벌기 가장 쉬운 시대라고 한다. 그렇다면 내가 성공하지 못하는 이유는 외부 환경 탓이 아니라 결국 나의 문제라고 볼 수 있다.

수전 케인은 『콰이어트』의 저자이다. 그녀는 '탁월한 결과를 얻는 지혜'에 대해 다음과 같이 말했다.

"우리는 늘 이렇게 말한다. '시간이 좀 더 있었더라면, 주어진 환경이 좀 더 나았더라면, 내가 가진 환경이 좀 더 나았더라면, 내가 조금 더 예뻤더라면….' 모든 게 충분하고 넉넉하다면 우리는 더 나은 결과를 분명 얻을 수 있다. 수전은 이처럼 아쉬워하는 우리에게 강력한 질문을 던진다. '그렇다면 왜 더 성공적인 결과를 얻는 데 필요한 시간을 충분히 들이지 않는가?'"

그녀는 말한다. "충분한 시간을 들일 수 있다면 누구나 지금보다 훨씬 더 높은 결과를 얻어낼 수 있다. 탁월한 결과를 얻으려면, 결과에 상관없이 시간에 투자해야 한다."

지금 당장 그만두고 싶다고 그만두는 경솔한 행동을 하기 전에 오랜 시간 퇴사를 하고 할 일에 대해 준비할 시간을 가지기를 추천한다. 뭐든 급하게 먹으면 체하는 법이다. 여러 번 말했듯이 돈보다 더 중요한 것이 바로 '시간'이다.

SNS로 내가 성장하는 모습을 지켜보던 한 친구가 나에게 커피를 마시고 싶다며 연락을 해왔다. 그녀는 차를 마시며 나에게 본인의 꿈에 대해 이야기하고, 그녀가 하고 싶은 진로에 대해 의견을 물어보았다. 나는 나의 의견을 함께 이야기하며 미래를 준비하는 그녀를 응원해주었다.

정확히 1년이 지나서 그녀는 나에게 다시 만나자는 연락을 해왔다. 나는 마침 근처에 약속이 있어서 그녀와 점심을 함께했다. 1년 동안 그녀의 성장이 궁금하기도 했다. 식사 도중 그녀는 정확히 1년 전과 같은 이야기를 꺼냈다.

그녀의 고민은 1년 동안 계속되었고, 아무런 준비나 행동도 실행에 옮기지 않았다. 그 이후로 나는 더 이상 그녀와 만나지 않는다. 나의 조언이 그녀에게 아무런 도움이 되지 않는다는 사실을 깨달았기 때문이다.

만약 그녀가 1년간 무언가를 '행동'했더라면 실패해도 그 시간에 분명 배우는 것이 있었을 것이다. 팀 페리스의 『지금 하지 않으면 언제 하겠는가』에 등장하는 게리 베이너척은 팀 페리스와의 인터뷰에서 다음과 같이 말했다.

"앞으로 다가올 '8년'에 신경 쓰기보다는 코앞의 '8일'에 더 집중하는 삶을 살라."

대부분의 사람이 퇴사 후에 '뭘 해야 하지? 이것저것 알아봐야 하고 이걸 준비하는 게 좋겠지?'라며 생각만 한다. 그리고 현실은 퇴근 후 술을 마시고 집에 돌아가서는 넷플릭스로 영화를 보고 자기 전까지 남의 인스타그램을 살펴보다가 잠이 든다.

만약 퇴사 후 알아보고 준비할 일을 오늘 행동으로 옮겨 준비하는 하루를 산다면 당신이 원하는 미래가 더 빨리 다가올 것이다.

내가 직장생활을 할 때는 미래가 몹시 두려웠다. 동료들에게 뒤처지는 것만 같았고 아무리 발버둥 쳐도 인생이 나아지는 것 같지 않았다. 하지만 지금은 미래가 두렵지 않다. 나는 하루하루를 열심히 살아가기로 선택했다. 오늘 열심히 산 하루들이 모여 내 미래는 분명 밝을 테니 말이다.

마지막으로 퇴사 후 세상은 불특정 다수로 이루어져 있다는 사실을 명심하길 바란다. 당신이 회사에서 누리던 지위나 직급은 당신이 퇴사하는 순간 함께 사라져버린다. 만약 당신이 이런 것들에 미련이 있다면 당신은 퇴사할 자격이 없다.

이나가키 에미코의 『퇴사하겠습니다』에서는 "회사는 사랑하지 않는 것이 좋습니다. 적당히 좋아하면 됩니다."라고 언급했다. 나 역시 저자와 같은 생각이다. 내가 직장을 그만두고 네트워크 사업을 한다고 해서 퇴사를 권장하는 것은 절대 아니다. 다만 우리가 함께 생각해볼 거리는 바로 '회사를 왜 다니는지'에 대해 생각해보자는 것이다.

수입이 없어도 회사에 다닐 회사원이 있을까? 아마 없을 것이다. 회사는 우리의 돈 버는 수단인 것이다. 그렇다면 회사 이외에도 돈 버는 수단을 늘려보자는 이야기이다. 그리고 우리가 내가 원하는 내 '꿈'과, 돈을 벌게 해주는 내 '일'을 대하는 태도에 대해 돌아보자는 것이다.

퇴사를 하는 모든 사람이 성공하는 것은 아니다. 분명 누군가는 성공을 하고 누군가는 실패를 한다. 내가 원하는 꿈을 이루고 내가 원하는 삶을 살기 위해, 지금부터 무엇을 바꿔야 하고 무엇을 해야 하는지 고민해야 한다. 눈을 감고 20년 후를 생각해보자. 지금 하고 있는 일을 그때도 계속하고 있을 것인가? 만약 아니라면 무엇을 고민하는가? 당장 준비를 시작하자.

04

내 인생
최대의 기회

삶의 성공의 비결은 기회가 왔을 때
잡을 준비가 되어있는 것이다.

– 벤자민 디즈레일리 –

만약 당신이 복권에 당첨됐다고 생각해보자. 자 당신은 이 돈으로 무엇을 하고 싶은가? 한때는 나도 일확천금을 꿈꿨던 때가 있었다. 많은 돈이 필요했기 때문이다. 큰돈 없이는 지금의 삶이 나아질 기미가 보이지 않았다. 월급도 박봉인데 이 돈을 쪼개고 쪼개서 적금을 들어도 1년에 천만 원을 겨우 모으는 것이 전부였다. '이렇게 모아서 내 이름으로 된 집 한 채라도 살 수 있을까?' 하고 생각하면 또다시 한숨이 나왔다.

우연한 기회에 동료 선생님을 통해 만난 네트워크 사업이 내 인생을 바꿔놓을 줄은 꿈에도 생각지 못했다. 높은 어학성적과 스펙을 쌓고 학벌을 높여서 안정적인 회사에 들어가 경력을 쌓고 오래 살아남는 인생이 성공한 인생인 줄만 알았다.

그런데 네트워크 사업을 공부하면서 '파이프라인 하나를 구축하는 것이 월급 봉투 1,000개를 받는 것과 같다.'라는 사실을 알게 되었다. 아마 일부 사람들은 허황된 이야기라고 하고, 또 사기라고 이야기하는 사람들도 있을 것이다.

하지만 우리는 현재 지난 수십 년 동안 역사상 가장 부유한 경제를 살고 있다. 그럼에도 불구하고 아직도 수백만 명의 사람이 좀 더 긴 시간 동안 노동으로 일한 월급으로 겨우 버티며 살아가고 있다.

그렇다면 당신은 어떻게 살아갈 것인가? 아직도 시간과 돈을 교환하는 시스템이 정답이라고 생각하는가? 나 역시 인생의 대부분을 그렇게 생각하고 살아왔다. 하지만 요즘처럼 정보가 넘쳐나는 시대에 이 생각을 전환하기 위한 시간은 단 1분이면 충분하다.

유튜브를 켜고 검색창에 '성공' 또는 '부'라는 단어를 검색해보길 바란다. 제목부터 자극적인 수많은 영상들이 나올 것이다. 이 영상 중 어느 것도 회사에 다녀서 부자가 되었다는 이야기는 없다.

시간과 돈을 교환하는 시스템의 익숙함에 빠져버린 당신이 그곳에서 탈출하려면 어떻게 해야 할까? 250여 권의 저서를 집필한 김태광 작가는 그의 저서를 통해 "사막에서 오아시스를 찾느니 사막을 벗어나라."라고 했다. 나는 지금까지 계속 어떤 오아시스가 더 넓고 좋은지를 찾아 헤맸던 것 같다. 나는 '왜 이 사막을 떠날 생각을 하지 못했던 것일까?'

아마 사막이 익숙해서일지 모른다. 그리고 사막을 벗어나면 어떤 세상이 있는지 알지 못했다. 그리고 부모님과 학교로부터 사막을 벗어나면 큰일이 난다고 배웠다. 다른 사람들도 다 사막 안에서 오아시스를 찾아서 살고 있으니, 나도 그렇게 살아야만 한다고 강요받았다.

하지만 지금 그 생각을 깨부수고 변화하지 않으면 아무것도 일어나지 않을 것이다. 꼭 네트워크 사업을 하라는 것이 아니다. 어떤 것이라도 좋다. 안주하지 말고 분야를 넓혀 도전하고 쟁취하는 자신감을 가지라는 것이다.

타이밍은 행동하는 사람을 가장 먼저 찾아간다. 나도 1년 전까지만 해도 내가 책을 쓰고 있을 것이라고는 상상하지 못했다. 늘 마음속에 생각하고 막연한 꿈으로 남겨두고 있었다. 하지만 우연한 기회에 책 쓰기 과정이 있다는 것을 알게 되었고 나는 그 기회를 놓치지 않았다.

사실 지금 사업이 한참 성장하는 시기여서 몸이 두 개라도 모자를 지경으로 바쁜 나날을 보내고 있었다. 마음속으로 '책 쓸 시간이 있을까?'라고 걱정하고 많이 고민이 되었다. 하지만 지금 이 타이밍을 놓치면 또 언제 가슴속 깊숙이 담아두었던 나의 꿈을 꺼낼 수 있을지 몰랐다. 지금도 없는 시간이 내년이라고 있을 것 같지는 않았다.

나는 빠르게 사고를 전환했다. 그래! 바쁠 때 더 바쁘게 살자! 사람들은 나에게 잠은 언제 자느냐고 묻는다. 부지런해서가 아니라 늘 새벽까지 깨어서 무언가를 하기 때문이다. 나는 출퇴근을 하는 직업이 아니기 때문에 시간을 자유롭게 쓸 수 있다. 일의 능률이 오를 때 일하고 일의 결과물이 빨리 나오면 나머지는 자유롭게 원하는 일을 할 수 있다.

직장에서 근무하던 시절은 네모난 건물에 갇혀 하늘만 바라보던 새장에 갇힌 새였다. '아 이렇게 날씨 좋은 날은 밖에서 음악 들으면서 커피 한잔하고 싶다.'는 것이 나의 소소한 바람이었다. 지금은 매일 예쁜 커피숍에 가서 자유롭게 일하고 보고 싶은 사람들을 만난다. 내가 스스로 바꾼 행복한 변화이다.

나는 직장을 그만두고 네트워크 사업을 한 선택이 내 인생 최대의 기회라고 말하고 싶다. 이 사업을 예찬하는 것도 아니고 돈을 많이 벌어서도 아니다. 다만 세상의 기준과 틀에서 벗어나 자유롭게 사고하고 나를 성장시킬 수 있는 삶을 살 수 있다는 것만으로도 나는 이미 엄청난 성공을 했다고 생각한다.

내가 하고 싶은 일에 도전할 수 있는 용기, 나에게 찾아오지 않았던 기회를 스스로 쟁취하는 용기를 가지기를 진심으로 바란다. 아마 여러분의 인생에서도 모험을 해야 하거나 중요한 선택을 해야 하는 순간이 여러 번 찾아올 것이다. '지금이 기회'라는 생각이 들 때 머뭇거리지 말고 과감하게 모험하기를 바란다.

05

나는 내 꿈에게
기회를 주고 싶다

작은 기회로부터 종종
위대한 업적이 시작된다.

– 데모스테네스 –

어린아이들에게 "넌 커서 뭐가 되고 싶어?"라고 물어보면 대통령, 소
방관, 간호사, 선생님, 의사 심지어 비행기가 되고 싶다고 말하는 아이들
도 있다.

하지만 그 아이들이 조금 자라서 학교 교육을 받기 시작하면 되고 싶
은 것을 말할 수 있는 아이든 절반 이하로 줄어든다.

어렸을 때는 해맑던 아이들이 왜 그렇게 변해버린 것일까? 아마도 아
이들은 사회에서 교육받고 적응해가면서, 어렸을 때 되고 싶었던 것들이
될 수 없다고 생각하게 되어서 일지도 모른다.

나도 어렸을 때 드라마 〈이브의 모든 것〉을 보고 주인공처럼 나도 멋진 아나운서가 되고 싶었다. 그런데 명절 때 모인 친척 중 한 명이 "너는 아나운서가 될 수 없어."라고 말해주었다. 지금 같으면 왜 될 수 없느냐고 따져 물었을 텐데 그때는 '아, 나는 될 수 없구나.' 하고 좌절했다.

하지만 이제 나는 주변의 어떠한 장애물에도 더 이상 굴복하지 않는다. 나의 꿈을 좌절시키는 드림킬러들이 내 소중한 인생을 대신 살아주지는 않기 때문이다. 나는 지금까지 많은 성공자들을 만나면서 그들이 성공한 이유를 배우고 내 삶에 적용시키려고 노력했다.

내가 좋아하는 책 중 하나인 아녜스 안의 『프린세스 마법의 주문』은 20대 초반에 표지가 예뻐서 집어 들게 되었다. 성공한 여성을 이야기를 다룬 이 책이 나는 너무나 마음에 들었다. 책의 가장 앞장에는 이런 안내문구가 적혀 있다.

먼저 스스로에게 주문을 걸어보자.

'그래, 변신할 때가 온 거다. 나는 남들이 놀랄 만큼 달라질 거다. 내 가치를 높여 빛나는 여자가 될 것이다.'

이 책에서는 위즈덤 카드를 부록으로 제공하는데, 위즈덤 카드란 나의 소원이나 이루고 싶은 꿈이 적혀 있는 카드를 말한다. 이 부록 중에서 마음에 드는 카드를 지갑에 넣고 매일 꺼내보며 그 꿈을 이루기 위해 노력하도록 내 마음을 다잡았다. 지금 생각하면 이것이 바로 시각화 활동이었던 것이다. 매일 보고 생각하고 되뇌며 그 꿈을 이루기 위해 다짐을 했던 것이다.

내가 주로 들고 다녔던 카드는 '나는 기꺼이 변화하고 성장할 것이다.'와 '다가온 기회는 절대 놓치지 않을 것이다.'였다. 나는 성장하기 위해 무엇을 하면 좋을지 생각해보았다. 그때 당시 필요한 것이 영어공부와 독서였다. 나에게 필요한 영어가 무엇인지를 곰곰이 생각해보았고 나는 영어로 내 의견을 말할 수 있는 정도로만 의사소통이 되면 되었다.

그래서 나는 스피킹 위주의 영어공부를 하기로 했다. 매주 토요일 오전에 원어민 친구들과 브런치 약속을 잡고 캐나다, 미국, 영국 그리고 한국 친구들이 모여 그 주의 핫 이슈에 대해 영어로 이야기하는 시간을 가졌다.

물론 영어회화를 연습할 수 있어서 좋았지만 무엇보다도 그때 다양한 나라의 친구들과 이야기를 하면서 알게 됐던 각 나라의 다양한 문화와 비즈니스 매너가 훗날 내가 해외출장을 다닐 때 몹시 많은 도움이 되었다. 그리고 나중에 알게 된 사실이지만 그 둘은 게이였고 연인 사이였다.

　한국에서 책을 읽는 사람의 비율은 점점 줄어들어 이제는 대부분의 사람이 1년에 열 권도 책을 읽지 않는다고 한다. 통계에 따르면 파레토의 법칙처럼 책을 많이 읽는 사람은 더 많이 읽고 읽지 않는 사람들은 1년에 한 권도 읽지 않는 부익부 빈익빈 현상이 독서에서도 나타난다고 한다.

　책의 종류도 너무 방대해 어떤 책을 읽으면 좋을지 많이 고민했다. 처음에는 자기계발 도서 위주로 독서를 했다. 하지만 결국 내가 행동하지 않으면 아무것도 얻는 것이 없다는 사실을 깨달았다. 그 뒤부터는 가리지 않고 읽고 싶은 책을 읽는다. 대신 그 책을 모두 집중해서 보지 않는다. 책 한 권에서 내 삶에 적용시킬 한 문장만 얻어도 성공한 독서라고 생각한다.

　사람들은 두 종류가 있다고 한다. 본인의 꿈을 이루고 싶어 하면서 아무것도 시도하지 않는 사람, 반면에 그 꿈에 다가가기 위해 일단 시작하는 사람이다. 나는 두 번째 사람이 되기로 했다. '시작이 반.'이란 말 대신에 '시작이 전부다!'라고 외치며 일단 시작하고 나중에 수습하는 방법을 택하기로 했다.

　복권도 사야 당첨이 되든지 말든지 할 것 아닌가! 나무도 일단 씨앗을

뿌려야 무엇이 나올지 알 수 있다. 바빠서 지금 당장 할 수 없다는 사람은 아무리 시간이 남아도 그 일을 해낼 수 없을 것이다. 바쁘다는 핑계를 대는 사람은 오늘 한 일들을 적어보며 자신의 하루를 뒤돌아보길 바란다.

실제로 당신은 인스타그램을 하는데 2시간이 넘는 시간을 할애하고 무의미한 메시지를 보내는데 하루 중 대부분의 시간을 낭비할 것이다. 나 역시 그렇다. 그래서 나는 내가 시간을 효율적으로 쓸 수 있도록 세팅을 해두는 방법을 택했다.

일단 해야 할 일을 추가하는 것보다 지금 하고 있는 일 중에서 어떤 것을 포기할지를 먼저 선택한다. 예를 들어 잠자는 시간을 줄이고 운동하는 시간을 넣고, SNS하는 시간을 줄이고 독서를 하는 방법으로 말이다.

물론 처음부터 완벽하게 되지는 않는다. 하지만 이러한 나의 노력으로 나는 영어를 말할 수 있게 되었고 독서 습관을 길렀으며 지금은 책을 쓰고 있다.

내가 스스로 무언가를 할 수 있는 사람이 아니라면 나를 억지로 성공자의 습관에 끼워 넣는 것도 한 가지 방법이다.

성공하는 공식은 정해져 있다. 우리가 다이어트 방법을 몰라서 살을 못 빼는 것이 아닌 것처럼 말이다. 열악한 환경을 이겨내고 우리의 꿈을 이루기 위해서, 더 행복하고 나은 삶을 위해서 '지금 당장' 마음을 먹고 1도씩만 '움직여'보자. 별거 아닌 것 같은 이 사소한 노력이 쌓이고 쌓이면 분명 당신은 성공이라는 것을 경험하게 될 것이다.

20세기 독설적인 비평가였던 극작가 버나드 쇼의 무덤에 이런 묘비명이 쓰여 있다.

"내 인생 우물쭈물하다가 이럴 줄 알았지!"

06

서로의 잔을 채우고
빵을 나누어 주라

당신의 마음속에 무엇이 들어 있는가가
현재의 당신을 만든다.

- 지그 지글러 -

대한민국은 땅은 좁은데 똑똑한 사람들이 넘쳐나는 나라이다. 일자리
는 한정되어 있고 사람은 많다 보니 똑똑한 사람들끼리 서로 경쟁할 수
밖에 없는 구조이다. 심지어 공무원 시험 합격 점수가 만점 + 가산점일
때도 있다. 하나도 안 틀리고 전부 맞았는데도 합격하지 못하는 웃픈 상
황이 발생하는 것이다.

이런 경쟁은 우리가 태어났을 때부터 경험하게 된다. 형제자매가 있는
집안에서는 누구나 한 번씩 형제끼리 싸움을 경험해 보았을 것이다. 나
도 어릴 적에는 정말 목숨 걸고 치열하게 싸웠던 대상이 있었는데, 바로

동생이었다. 엄마 아빠의 사랑을 독차지하기 위해 동생이 잘못을 일러바치고 엄마가 동생만 예쁜 옷을 사주는 날에는 울고불고 단식투쟁을 하기도 하였다.

회사에서는 말할 것도 없다. 숫자만 바꿔서 제출하면 될 서류를 절대 옆 사람에게 보여주지 않는다. 함께 힘을 합쳐 전체 회사의 발전에 기여해야 하는 것이 이론적인 목표지만 실제로는 내부 경쟁이 훨씬 치열하다.

성과급을 받을 때가 되면 평등한 동료가 아닌 레벨이 나뉘는 것을 경험하게 된다. 하지만 실제로 S등급과 B등급의 업무 능력 차이가 크지 않은 경우가 많다.

상황이 이렇다 보니 사람들은 늘 손해보지 않기 위해 신경을 곤두세우곤 한다. 부탁을 들어주고 거절을 못하는 순간 친절한 사람을 가장한 호구가 되어버린다. 이런 마음의 상처가 있지만 그럼에도 불구하고 친절을 베푸는 사람들을 보면 마음이 따뜻해진다.

뉴욕 여행을 갔을 때 깜짝 놀랄 만한 이야기를 듣게 되었다. 뉴욕 사람들은 수도세를 내지 않는다는 것이었다. '아니, 이게 무슨 소리지? 이 많은 사람들의 수도세를 모두 면제해준다고?' 처음에는 뉴욕의 복지가 참 좋다고 생각했다. 하지만 이 모든 건 뉴욕의 기부왕 록펠러 때문이었다.

나는 뉴욕 안의 뉴욕이라 불리는 록펠러 센터에 방문했을 때 전쟁이 나도 이곳 사람들은 살아남을 수 있겠다는 생각을 했다. 그만큼 록펠러 센터 안에는 없는 것이 없었다. 병원, 학교, 주거시설, 백화점, 은행 등 살면서 필요한 인프라가 모두 갖추어져 있었다.

뿐만 아니라 크리스마스 시즌이 되면 거대한 트리와 아이스링크를 보기 위해 관광객의 발길이 끊기지 않는 곳이다. 이 빌딩을 만든 주인이 바로 존 D. 록펠러이다. 도대체 얼마나 부자기에 뉴욕의 수도세를 기부할까 궁금해서 찾아보았다. 록펠러의 재산을 대략 한화로 환산하면 약 500조 원 정도 되는데, 이 돈은 우리나라 국가 운영 예산보다도 많은 돈이다.

록펠러가 죽은 뒤에도 록펠러 가문은 아직도 매년 병원, 의학 연구소, 교회, 그리고 학교 등에 매년 기부를 하고 있다고 한다. 그리고 뉴욕은 록펠러 덕분에 수돗물을 그냥 마실 수 있다. 왜냐하면 정수 시설과 운영 비용을 록펠러가 지불하기 때문이다. 우리나라도 이렇게 '노블레스 오블리주'를 실천하는 기업들이 많이 생겨났으면 하는 바람이다.

꼭 성공해서 기부를 하는 것이 아니라 돈을 버는 행위를 할 때에도 선한 마음으로 하는 일이여야 진정한 성공이라고 말하고 싶다. 요즘은 유튜브나 온라인을 이용해 단기간에 큰돈을 버는 사람들이 많다. 물론 정직하고 성실하게 채널을 키우고 성장하시는 분들이 대부분이지만 일부 사람들은 거짓말을 하거나 뒷광고를 이용해 개인의 이익을 챙기기도 한다.

이렇게 키워온 부는 건강하지 못하기 때문에 큰돈을 벌 수 있을지는 몰라도 금세 사라져버린다. 어떤 일을 열정을 가지고 하기 시작할 때 단순히 '돈'이 목적이 아닌, 누군가의 성공이나 행복이 목적이 된다면 어떨까?

예를 들면 타이어 가게 사장님은 타이어를 판매해서 돈을 많이 버는 것이 목적이 아니라, 질 좋고 튼튼한 타이어를 고객들에게 제공함으로써 고객의 안전을 추구하는 것을 목적으로 하는 것이다. 물론 '무슨 말장난이야.' 하는 사람들도 있겠지만 이 작은 차이의 결과는 엄청나다.

만약 전자가 목적이라면 그 타이어를 구매한 손님들이 위험에 빠질 수도 있다. 실제로 내 친구 중 하나는 타이어를 교체하고 고속도로를 운전하다 바퀴가 빠지는 바람에 큰 사고를 당하고 차를 폐차시킨 경험이 있다.
반면 후자가 목적이라면 손님들은 더욱 안전하게 차를 운행할 수 있을 뿐더러 고객과의 신뢰를 쌓아 사업이 더 번창할 가능성이 높다.

나 역시 내 배를 불리며 돈을 버는 것이 목적이 아니라, 나의 지식과 노하우를 누군가와 나눔으로써 단 한 명의 사람이라도 경제적인 성장과 삶을 변화시키는데 보탬이 되었으면 한다. 그리고 이렇게 나눔으로써 내가 얻는 것들이 더욱 많다. 사람은 절대로 혼자서는 살아갈 수 없다. 아무리 돈이 많아도 함께 걸어줄 누군가가 없다면 성공한 인생이라고 할 수 없을 것이다.

P. 총거스는 "임종하는 순간에 '사업에 좀 더 많은 시간을 쏟았더라면 좋았을 텐데.' 하고 후회하는 사람은 아무도 없다."라고 말했다. 그만큼 주변에는 존재만으로 감사한 분들이 참 많다. 이제는 경쟁 대신 사랑해보는 것은 어떨까? '조금 더 나아지면, 빚만 다 갚으면…' 하는 순간에 우리의 소중한 흘러가고 흘러간 시간은 다시는 되돌아오지 않는다.

07

1년의 반은
꼬리빼에서 보내기

어른들은 누구나 처음에는 어린이였어.
하지만, 그것을 기억하는 어른은 별로 없단다.

– 『어린왕자』 중에서 –

6년간의 영어 강사 생활을 그만두고 백수 신분으로, 태어나서 처음으로 따뜻한 '봄'에 해외여행을 떠났다. 매번 방학 때에만 여행을 갈 수 있어서 나의 여행은 언제나 더운 여름, 아니면 추운 겨울이었다. 여행을 좋아했던 나에게 사람들이 가장 먼저 묻는 질문은 "다녀보신 곳 중에서 어디가 제일 좋아요?"였다.

이 질문은 "엄마가 좋아? 아빠가 좋아?"를 묻는 것과 같았다. 발길이 닿았던 모든 곳이 너무 좋아서 하나를 콕 집어서 대답하기가 힘들 정도로 내가 다닌 모든 여행지가 각자의 색깔대로 너무나 훌륭했다.

그중에서도 사람들의 발길이 드문 곳 태국 꼬리빼(Koh Lipe)가 가장 기억에 남는다. 꼬리빼는 태국어로 섬(Koh) + 리빼(Lipe)가 합쳐진 단어로 리빼 섬이라는 예쁜 이름을 가지고 있다. 꼬리빼는 정말 혼자만 알고 싶을 정도로 아름다운 섬이다. 처음 꼬리빼를 이야기했을 때 사람들은 도대체 이곳을 어떻게 알았냐고 물어온다.

여행을 많이 다녔던 나였지만 정말 꼬리빼는 내가 다녀왔을 때까지만 해도 듣지도 보지도 못했던 섬이었다. 꼬리빼는 태국에 속해 있는 섬이지만 말레이시아에서 더 가까운 곳이다. 꼬리빼를 가장 빠르게 가기 위해서는 한국에서 말레이시아 쿠알라룸푸르 공항까지 비행기를 타고 6시간 반 정도를 날아가야 한다. 그다음 말레이시아 랑카위까지 말레이시아 국내선을 타고 1시간가량 가면 된다. 아직 끝나지 않았다. 랑카위 공항에서 택시를 타고 페리 선착장까지 간 뒤 페리를 타고 국경을 건너야 한다. '배를 타고 국경을 건너다니 정말 너무 멋지지 않은가! 배를 탄지 약 2시간 반에서 3시간가량이 지나면 태국 꼬리빼 섬에 도착하게 된다.

짐을 들고 모래사장을 몇 걸음 거슬러 올라가면 정말 작은 사무실이 나오고 그곳에서 입국수속을 하게 된다. 물론 1초 만에 도장 꽝! 페리를 타기 전 출국심사를 위해 여권을 거둬가니 너무 놀라지 않길 바란다. 그렇게 많은 나라를 다녔지만 입국심사를 여러 명이 같이 해보기는 처음이었다.

나는 나보다 네 살 어린 에이미와 함께 꼬리빼에 왔다. 어느 날 뜬금없이 에이미에게 "에이미, 너 언니랑 꼬리빼 갈래?"라고 물었다. 그녀의 대답은 1초도 망설임 없이 "네 언니, 저 갈래요!"였다.

지금 생각해보면 에이미는 꼬리빼가 어디인 줄도 모르고 무작정 나를 따라온 것이다.

그녀와의 인연은 호주 국제교류를 업무를 하면서 시작되었다. 나는 학교 영어 담당자로, 에이미는 호주와 한국 학교를 연결해주는 에이전시 담당자로 만나게 되었다. 어리고 예쁜 선생님이 어찌나 예쁘고 야무지게 말도 잘하는지 그녀에게 첫눈에 반했다. 그리고 그녀의 사투리는 정말 글로써도 음성지원이 될 정도로 중독성이 있었다.

꼬리빼는 천국 중에 천국이라고도 불리우고 동양의 몰디브라고도 불리는 휴양지이다. 에이미와 내가 갔을 때까지만 해도 중국인을 포함한 동양인을 찾아보기가 힘들었다. 다행히 유럽에서는 유명한 관광지라 태국인들이 어느 정도 영어를 할 수 있어서 의사소통에는 문제가 없었다.

페리에서 꼬리빼에 처음 발을 내딛는 순간 "우와~"라고 감탄하지 않을 수 없었다. 에메랄드 빛 바다가 종아리를 스치며 찰랑거리고 있었다. 뜨거운 태양에 적당하게 따듯하게 데워진 바다가 살에 닿는 기분이 굉장히 좋았다.

우리가 예약한 리조트는 바닷가 바로 앞이었는데 자고 일어나서 바다 앞 선베드에서 조식을 먹을 수 있었다. 부스스한 머리로 자고 일어나서 바로 바다를 바라보며 눈이 부시도록 빛나는 태양 아래 토스트와 망고주스를 먹는 기분이란, '아! 이런 게 행복이지!'라는 감탄사가 저절로 나왔다.

그리고 그다음은 한숨이었다. 서른이 넘은 나이에 백수가 됐으니. '아 나는 이제 뭐 먹고 살지?'라는 생각이 들었다. 천국에 있는데도 가슴에 돌이 하나 걸려있는 것 같았다. 내 멘탈은 괜찮은데 몸이 스트레스를 받았는지 살이 쭉쭉 빠지면서 몸무게가 42kg까지 내려갔다. 덕분에 나는 비키니 사진을 마음껏 찍을 수 있었다.

내 감정이 기분이 좋았다가 막막했다가 즐거웠다가 우울했다가를 반복하던 그때 에이미가 스노쿨링을 할 수 있다는 정보를 말해주었다. 보통 동남아 여행을 가면 100불은 족히 줘야 스노쿨링 체험을 할 수 있는데 꼬리빼는 하루종일 스노쿨링을 하는 데 개인당 18불이면 된다고 했다. 심지어 점심까지 포함이라니! '이게 웬 횡재지?'라고 생각하며 우리는 스노쿨링 투어 대기자 명단에 이름을 올렸다.

문자 메시지로 픽업 장소를 연락받고 태국 원어민 쏨이 운전하는 배에 올라탔다. 우리가 한 배를 탄 멤버는 태국 커플과 말레이시아 커플 그리고 우리 커플이었다. 모두 영어로 대화를 할 수밖에 없는 상황이었고 쏨은 유창한 태국어로 우리에게 주의사항을 안내해주는 것 같았다. 10분 정도 배를 타고 가다 보니 전화가 터지지 않는 것이었다.

갑자기 '만약 여기서 무슨 일이 생기면 정말 아무도 우리를 못 찾겠구나.'라는 생각이 들어서 겁이 덜컥 났다. 그런데 겁을 낼 겨를도 없이 여기저기서 '우웩! 우웩!' 하는 소리가 났다. 필리핀처럼 큰 배가 아니라 나무로 된 통통배였기 때문에 흔들림이 많아서인지 국적을 가릴 것 없이 뱃머리를 부여잡고 게워내기 시작했다. 한 태국 커플은 남자친구가 봉지를 들어 보여주며 '쏘리 쏘리!'를 외치고 있었다. 그래도 태국 남자들이 참 다정하다는 생각이 들었다.

멀미하는 사람들이 너무 많아지고 육지에 내려달라는 요청이 늘어나자 선장 쏨은 섬이 가까운 곳으로 이동하기 시작했고 배가 섬까지 가까이 갈 수 없으니 100m 정도 수영을 해서 가야 한다고 했다.
나는 에이미가 걱정이 되어 그녀에게 괜찮은지 물어보았다. "에이미, 너 괜찮아?" 그녀는 갑자기 가까이 오더니 나에게 귓속말을 했다. "언니, 저 화장실 가고 싶어요."

당황한 나는 에이미에게 일단 배에서 내리라고 했다. 구명조끼를 입고 파도가 일렁이는 바다 한가운데에 둥둥 떠서 그녀에게 물었다. "너 수영할 수 있겠어?"라고 말하며 뒤를 돌리는 순간, 갑자기 수많은 물고기가 우리 주변으로 몰려드는 것을 목격했다. '이게 무슨 일이지?' 하고 빠른 판단을 하기 위해 노력했고 마침내 원인을 알 수 있었다.

멀미를 하던 에이미가 출렁이는 바다에 몸을 맡기며 바다에 그만 토를 한 것이다. 토사물을 먹기 위해 열대어들이 떼로 몰려온 것이다. 나는 수영을 잘 못하지만 그 장면만은 피하고 싶어 있는 힘껏 수영을 해 최대한 멀리 가려고 노력했지만 결국 실패했다. 아픈 에이미를 데리고 육지에 도착했을 때 2차전이 시작됐다. 화장실도 없고 휴지도 없는 상황에 나는 바위 뒤를 가리키며 "에이미, 저기 다녀와." 라고 말했다. 아마 보통 때라면 절대 안 갔을 에이미지만 방법이 없었던 터라 그녀는 순순히 나뭇잎 사이로 사라졌다.

거사를 치른 그녀는 나에게 울먹이며 말했다. "언니~ 죽을 때까지 아무한테도 말하면 안 돼요!! 우리 엄마한테도 안 말할 거야!" 나는 지금도 그때 생각만 하면 웃음이 나온다. 서른이 넘어 백수 신분으로 앞날이 막막해 '아, 어떻게 살지?' 하며 앞으로 절대 웃을 일이 없을 것 같던 내 인생에도 웃긴 일이 생기니 "하하하." 하고 웃게 되는 것이었다.

어쩌면 나는 '내가 세상의 기준에 충족되지 않는 사람'이라고 생각한 것은 아니었을까? 다른 사람들은 다 잘 살아가고 있는데 나만 부족한 것 같은 기분으로 평생을 살아온 것은 아닐까?

이 지상낙원 같은 꼬리빼에서 살아보니 타인을 신경 쓰지 않는 진정한 나를 발견한 것이다. 비교를 차단하고 세상의 속도를 따라가는 것을 멈추어보니 비로소 행복이 보이기 시작했다.

나의 버킷리스트 중 하나는 꼬리빼에서 1년의 절반을 살아보는 것이다. 아무 생각도 하지 않고 바다를 바라보며 온전히 자연을 즐기고 나를 느끼기에 꼬리빼만 한 곳이 없을 것 같다. 꼬리빼는 나에게 친정 같은 곳이다. 살면서 죽도록 힘든 순간이 오면 나는 죽지 않고 꼬리빼를 찾아갈 것이다. 나에게 다시 살아갈 용기와 힘을 주는 케렌시아가 누구에게나 필요하지 않을까?

스페인어로 케렌시아(Querencia)는 피난처, 안식처를 의미한다. 투우 경기장에서 투우사와 마지막 결전을 앞두고 소가 잠시 쉬는 곳을 뜻하며, 최근에는 바쁜 일상에 지친 현대인들에게 나만의 휴식처를 찾는 현상으로 불리어지고 있다.

08

자신과 자신의
높은 가치를 알려라

세상에서 가장 중요한 것은 내가 진정
나다워질 수 있는 방법을 아는 일이다.

- 미셸 드 몽테뉴 -

내가 '당신의 모든 것이 돈이 된다'고 말한다면 믿겠는가? 아마 "말도 안돼."라고 할 것이다. 나 역시 지금까지 많은 경험들을 하며 돈을 쓰고만 살았지 돈을 벌 수 있다는 생각을 하지 못했다. 하지만 지금 이렇게 나의 경험들로 책을 쓰고 있다니 놀랍기만 하다.

내가 여러 번 언급했듯이 현대인들은 대부분의 여유시간을 SNS를 살펴보고 유튜브 영상을 보는데 할애한다. 그리고 넷플릭스와 왓챠같은 OTT 서비스들은 최근 몇 년 사이에 어마어마하게 성장했다. 이런 브랜드들은 말만 들어도 범접할 수 없을 것 같다.

그렇다면 개인 브랜딩은 어떤가? 여러분이 팔로우하고 있는 사람 중에도 SNS를 통해 일상을 공유하고 돈을 버는 사람들이 있을 것이다. 그들은 연예인들처럼 유명하거나 뛰어나지 않다. 그들은 평범한 자신들의 일상을 공유하고 리뷰나 본인들의 솔직한 느낌을 공유하며 돈을 번다.

예를 들어 맛집을 좋아하는 사람은 맛집 블로그를 하며 사람들에게 맛있는 음식 메뉴와 사진 그리고 리뷰를 제공한다. 책은 어떠한가? 책을 다 읽어볼 수 없는 독자를 고려해 그 책을 먼저 읽은 후기를 공유한다.

영화는 말할 것도 없다. 누군가 인스타그램에 '이 영화보다 좋았음.'이라고 올린다면 팔로워들은 아무도 그 영화를 보지 않을 것이다. 이렇듯 요즘 세상은 나의 경험과 의견이 경제활동에 영향을 미치고 있는 시대이다. 그렇다면 나를 드러내고 가치를 높이는 일 또한 내가 놓치지 않고 해야 하는 일인 것이다.

내가 처음 유튜브를 시작하게 된 계기는 구독자를 많이 늘려서 돈을 벌려는 목적은 아니었다. 소비자와 팀원들이 제품 사용법에 대해서 매일 물어오는 것이었다. 대부분 비슷한 질문이었고 영상을 한번 제작해놓으면 언제든 공유가 가능할 것 같다는 생각에 무작정 영상을 촬영하게 되었다.

처음에는 영상을 어떻게 촬영하는지도 몰랐고 편집은 남의 나라 이야기만 같았다. 왠지 전문 장비와 편집자가 있어야만 찍을 수 있는 것이 유튜브라는 것인 줄로만 알았다. 일단 나는 시작해보기로 했다. 주변에 컴퓨터를 잘하는 지인에게 전화해 도대체 유튜브를 어떻게 하는 것이냐고 물어보았다. 내 지인은 나에게 "계정은 있으시죠?"라고 물었고 나는 "그게 뭐예요?"라고 대답했다. 지금 생각해보면 컴퓨터 전원 코드도 꽂지 않은 채 컴퓨터가 왜 안 켜지냐고 묻는 격이었다.

일단 뭐든 처음 시작할 때 귀찮고 어려우면 다음을 지속하기가 힘이 든다. 그래서 나는 최대한 간편한 방법으로 촬영을 시작했다. 내가 사용하고 있던 아이폰으로 어플을 이용하여 가로모드 16:9 사이즈로 맞춘 뒤 촬영하기 시작했다. 편집은 평생 만 원 정도만 지불하면 이용할 수 있는 어플을 사용하였다.

그렇게 5분에서 10분 정도 되는 영상을 제작해 하나씩 업로드하기 시작했다. 처음에는 자막도 넣을 줄 몰라 한마디도 빼놓지 않고 넣으려다가 눈이 아파서 고생한 적도 있었다. 지금은 꼭 필요한 말만 넣어서 편집도 간편하게 하고 있다.

내 유튜브를 본 구독자들은 실제로 나를 만나면 연예인을 보는 것 같은 반응을 보인다. 가끔 중국 분들은 함께 사진 찍어달라고 먼저 요청하기도 한다. 그럴 때면 정말 연예인이 된 것 같은 느낌이 들면서 뿌듯하기도 하다.

그래도 많은 사람들이 편리하게 정보를 얻을 수 있다니 그것만으로도 너무 만족스럽다. 그런데 얼마 전 유튜브를 보고 먼저 연락을 해오시는 분도 계셨는데 사업을 알아보시면서 실제로 유튜브가 수익으로 연결되기까지 했다. 꼭 광고수익으로 수익 창출을 하지 않더라도 사업을 하고 계신 분이나 업무로 연결될 수 있는 직업을 가지신 분이라면 누구나 시도해보기를 추천한다.

블로그는 어떠한가? 물론 나도 블로그를 보기만 하던 사람이었다. 맛집을 찾고 필요한 정보를 검색할 때 주로 블로그를 이용했는데 내가 경험하고, 내가 구매한 모든 것이 누군가에게는 필요한 정보가 될 수 있다는 생각이 들었다.

그래서 일단 하나씩 올려보기 시작했다. 내가 지금까지 시도를 안 해서 그랬지, 1시간 정도만 배우면 블로그 세팅부터 업로드까지 의외로 사용하기 편하게 되어 있었다. 블로그는 유튜브보다는 조금 더 편안하고 아기자기하게 이웃들과 소통할 수 있다는 장점이 있다.

유튜브가 좀 더 전문적이라면 블로그는 뒷이야기나 디테일한 정보까지도 이야기할 수 있는 나만의 공간 같은 느낌이다. 그리고 내 생각이나 일상 정보 기록용으로도 끝내주게 좋은 채널인 것 같다.

그나마 그중에 제일 편하게 사용하고 있는 것이 바로 인스타그램이다. 사진과 함께 짧은 글과 태그를 올리고 서로 '좋아요'를 눌러주는 시스템인데 나는 하루에 세 번 아침, 점심, 저녁 시간에 피드를 하나씩 업로드한다.

불특정 다수의 사람들이 태그로 검색해서 유입되기 때문에 많은 사람들과 소통이 가능하고 요즘은 지인들의 안부도 인스타그램으로 확인하는 것이 빠를 정도로 카톡만큼 많은 사람들이 사용하고 있다.

인스타그램은 내가 광고하고 싶은 제품이나 지인들에게 나를 드러내는 데 가장 편리하게 사용할 수 있는 서비스이다. 사람들도 요즘엔 맛집 검색이나 쇼핑을 할 때 인스타그램에서 핫한 상품을 검색할 정도로 인기가 많다. 핫플레이스 여행지나 맛집도 서로 '인스타그램 감성'이 따라주지 않으면 사람들이 찾지 않을 정도이다.

나는 인스타그램 이벤트를 통해서 제품을 홍보하기도 하고 내가 어떻게 사업을 하고 있는지 '나 드러내기'를 하고 있다. 실제로 몇 년 동안 나의 성장 과정을 지켜본 제니는 나를 만나기 전부터 사업에 확신을 가지고 셀프 리크루팅되었다.

마지막으로 네이버 카페이다. 유튜브, 블로그, 인스타그램으로 유입된 나의 관심 고객들은 더욱 체계적인 정보를 얻고 싶어 했다. 같은 관심 분야의 사람들이 모여서 소통할 수 있는 공간이 필요했던 것이다. 나는 공지사항이나 돈이 되는 정보 등을 네이버 카페에서 공유한다. 2학년이 1학년을 잘 가르치듯 먼저 배운 사람들이 이제 시작하는 사람들에게 격려와 함께 놓치기 쉬운 부분들을 조언해주기도 한다.

이렇듯 요즘에는 강남 한복판에 회사를 차리지 않아도 마음만 먹으면 온라인에서 회사를 차릴 수 있다. 온라인에서 검색되는 회사가 크고 멋지면 오프라인 회사가 굳이 없어도 사업 운영이 가능하다. 하지만 오프라인에서 엄청 크고 멋진 회사가 온라인에서 검색했는데 나오지 않는다면 사람들은 의아하게 생각할 것이다.

이제는 시대가 변했다. 더 이상 '나는 아날로그가 좋아.'라고 말할 때가 아니다. 어렵고 막막해 보이는 분야이지만 시도하고 배워야 한다. 유튜브 검색창에 검색 한 번이면 1초도 걸리지 않아 엄청난 정보를 얻게 될 것이다. 아마 지금까지 내가 왜 비싼 돈을 주고 학원에 다녔는지 후회하게 될지도 모른다.

    소셜 네트워크 서비스를 통해서 나의 모든 일상을 공유하며 자신의 몸값을 알리고 키워나가야 한다. 내가 유튜브에서 구독 중인 고양이 채널이 있다. 고양이가 그냥 걸어다니는 영상만 찍어 올려도 돈이 되는데 그냥 놀면서 시간 낭비를 하고 있을 것인가? 지금 당장 핸드폰을 들고 자신이 가장 좋아하는 것부터 촬영하길 바란다.

5년
후의
나는
오늘의 내가
결정한다

01

5년 후의 나는
오늘의 내가 결정한다

저는 미래가 어떻게 전개될지는 모르지만,
누가 그 미래를 결정하는지는 압니다.

- 오프라 윈프리 -

사람들은 흔히들 '나이를 먹고 시간이 흐르면 어떻게든 되겠지.'라고
생각하며 살아간다. 하지만 아무것도 하지 않으면, 아무 일도 일어나지
않는다.

눈을 감고 당신의 5년 전을 떠올려보라. 당신은 어디에서 무엇을 하고
있었는가?

자, 그리고 지금 눈을 떠서 거울을 보자. 당신은 지금 무엇을 하고 있
는가? 지금 당신의 모습이 5년 전 당신이 꿈꿔왔던 그 모습이 맞는가?
만약 아니라면 당신의 5년 후 모습도 지금과 똑같을 것이다.

나 역시 마찬가지였다. 5년 전 나는 평범한 공무원으로 매달 일정한 월급을 받으면서 살아갔다. 연봉 계획표에 의해 시간이 지날수록 올라가는 나의 연봉을 추측할 수 있었기 때문에, 나의 삶과 미래 또한 정해져 있는 것이나 다름 없었다.

한 달에 83만 원씩 적금을 들면 1년이면 1,000만 원가량 되었다. 그렇게 1,000만 원을 정기예금에 넣고 또다시 적금을 붓고 목돈을 만들어 적당한 나이에 적당한 사람과 결혼하는 것이 그 당시 나의 목표였다. 왜냐하면 그 당시 내 주위에 있던 사람들이 모두 나에게 "이제 시집가야지?"라는 질문으로 인사했기 때문이다.

아무도 나에게 앞으로 5년 후 계획을 세우고 계획대로 실천하며 살아야 한다고 가르쳐준 사람은 없었다. 그저 안정적인 직장을 다니면서 시집가서 아이를 낳고 가정을 꾸리고 사는 것이 미덕이라고 말하고 있었다.

하지만 내가 하고 싶은 일은 가정생활이 아니었다. 나는 전 세계를 돌아다니며 사는 멋진 커리어 우먼이 되고 싶었다. 정해진 세상의 틀에서 벗어나 자유롭게 하고 싶은 일을 하며 세상을 온전히 느끼며 살고 싶었다.

그러나 나의 현실은 쌓여 있는 서류와 당장 오늘 야근을 해야 이번 달 월급이라도 받을 수 있는 신세였다. 무언가 새로운 것을 시도해보고 싶어도 시간이 없었다. 슬프게도 물론 돈도 없었다.

그러다 우연히 '삶을 바꾸고 싶다면 세 가지를 바꿔라'라는 문구를 책에서 보게 되었다. 나는 고개를 갸우뚱거리며 '도대체 뭘 바꾸라는 거지?' 하고 뒷장을 넘겼다.

저자는 인생을 바꾸고 싶다면 사는 곳, 어울리는 사람, 지금 읽는 책을 바꾸라고 말하고 있었다. 하지만 내가 고작 지금 당장 바꿀 수 있는 것은 '지금 읽는 책' 정도였다.

그때까지만 해도 나는 잘 읽히는 소설책이나 짧은 글과 그림이 있는 시집을 즐겨보았다. 그런데 인생을 바꿀 만한 책을 검색해서 찾다가 팀 페리스의 『나는 4시간만 일한다』의 제목에 이끌려 접하게 되었다. 나는 14시간을 일할 때도 있는데 저자는 4시간만 일하고 수입은 열 배로 번다니! 그 비법이 뭔지 꽤 궁금했다.

아마 나처럼 그게 가능한지 의심을 하는 독자들이 많았는지 이 책은 금세 베스트셀러가 되었다. 책을 펼치자 내 인생 좌우명 같은 글귀가 눈에 들어왔다.

"살고 싶은 곳에서 살며 원할 때 일하는 삶."

내가 딱 원하던 삶이었다. 그런데 내가 원하는 삶을 살기 위해서는 내가 일하지 않아도 고정적으로 나오는 일정 수입이 필요했다. 내가 부자였으면 가능했겠다는 아쉬움이 있었지만 꼭 럭셔리하게 호텔을 다니지 않아도 그 나라에서 사람들을 만나 함께 소통하고 전 세계 어디서나 일을 할 수 있으면 좋겠다고 생각했다.

"야, 세상에 그런 직업이 어디 있냐?" 하며 친구들은 팔자 좋은 소리를 한다고 말했다. 그렇지만 나는 '그런 직업이 뭐가 있지?' 하고 곰곰이 생각하기 시작했다. 내가 아는 대부분의 직업이 출근과 퇴근을 해야 했고, 사업을 하는 사장님들도 사업체를 관리하기 위해 상주해야만 했다.

그런데 '프리랜서'라는 직업은 컴퓨터만 있으면 어디서든 일을 할 수 있는 것 같았다. 마음속에 막연하게 살고자 하는 방향이 있었기 때문에 '네트워크사업'이라는 기회가 왔을 때 덜컥 잡아버렸는지도 모르겠다. 내 삶을 바꾸기 위해 세 가지를 다 바꿔보려는 것이었다.

첫 번째는 내가 읽는 책을 내가 살고자 하는 방향에 도움이 되는 책으로 바꿨고, 두 번째는 직업을 바꿔 내가 매일 만나는 사람을 바꿨다. 마지막으로 사는 곳을 바꾸기는 쉽지 않았는데 조금씩 시도하고 노력하면서 지금은 내가 원하는 곳에서 살고 있다.

지금 생각해보면 5년 전 내가 가장 잘한 것은 바로 '생각'이었던 것 같다. 생각조차 하지 않으면 시도할 기회조차 갖지 못한다. 일단 내가 어떤 것을 좋아하고 어떻게 살고 싶은지부터 생각하고, 그 삶을 이루기 위해 어떤 노력이 필요한지 생각해야 한다.

'생각대로 살지 않으면 사는 대로 생각하게 된다'는 말도 있지 않은가! 일단 생각하고 기회를 만들어야 한다. 그리고 기회가 왔으면 과감히 결단하고 시작해야 한다. 이것저것 다 따지다가는 아까운 시간만 낭비할 뿐이다.

만약 무언가를 시도할 때 고민이 된다면 나는 이 두 가지 방법을 추천하고 싶다. 먼저 그 일을 저질렀을 때 최악의 상황을 떠올려보라. 그것이 정말 그렇게 최악일까? 그리고 영영 회복할 수 없는 실패일까? 그 과정에서 배우거나 얻을 수 있는 것은 없을까? 정말 당신이 생각했던 최악의 상황이 일어날까?

다음은 당신이 새로운 시도를 했을 때 얻을 수 있는 최고를 생각해보

라. 돈을 정말 많이 벌 수도 있고, 시간적 경제적 자유를 얻을 수도 있다. 그리고 부와 명예를 함께 가질 수도 있다. 가족과 친구들에게 인정받을 수 있다. 당신이 원했던 삶을 살 수 있다.

당신의 삶이 지난달보다 나아지고 있는가? 당신의 삶이 지난달보다 더 가치 있어지는 중인가? 만약 이 질문에 대답하지 못한다면, 이제 합리화를 그만두길 바란다.

인터넷 베스트 글귀에서 재미있는 글을 본 적이 있다. 슬럼프가 왔다는 친구에게 누군가 이렇게 말했다. "슬럼프는 김연아, 김연경 같은 사람한테나 오는 거고, 우린 그냥 게으른 거야."

댓글에는 "난 슬럼프라고 말할 수 있을 만큼 열심히 살았나? 그만큼 피나는 노력을 해봤나?"라고 적혀 있었다. 김연아 선수와 김연경 선수는 모두 간절히 이루고 싶은 꿈과 강력한 목표가 있었다. 그랬기 때문에 누가 뭐라고 해도 흔들리지 않고 오랜 시간 고된 훈련에 임할 수 있었을 것이다.

그냥 운동을 하려고 생각한 사람과 금메달을 따려고 생각한 사람의 노력의 크기는 분명 다를 것이다. 오늘 당신이 어떤 생각을 하느냐에 따라 앞으로 5년 뒤 여러분의 인생이 결정되는 것이다. 꿈을 크게 가져라. 깨져도 그 조각이 크다.

02

성공하고 싶다면
자신부터 사랑해야 한다

살아있는 한, 움직이는 한 누구나 다
현역이고 자기 인생의 주인공이다.

– 밀라논나 장명숙 –

한때 친하게 지내던 언니는 중학생과 고등학생, 두 딸을 둔 맘이었다. 우리는 명절을 막 앞둔 주말에 커피를 마시며 수다를 떨고 있었다. 나는 언니에게 우리 집 명절 문화를 얘기하고 있었다. "언니, 우리 할머니 댁은 명절에 남자, 여자 밥상을 따로 차려서 먹어."라며 불만 섞인 목소리로 얘기했다. 언니는 웃으면서 "나도 그게 싫어서 나는 밥 뜰 때 항상 우리 딸 밥을 먼저 떠서 줘."라며 아련한 눈빛을 지었다.

보통은 갓 지은 밥을 뜰 때 아빠 밥을 먼저 뜨는 것이 예의인 줄만 알고 있었던 나는 왜 딸 밥을 먼저 떠주는 것인지 궁금해졌다. 언니는 자랄 때 엄마가 오빠는 흰 쌀밥에 맛있는 것만 먹게 하고 딸들은 집안일에 심부름에 일만 시켰다고 했다. 그게 억울해 본인 딸은 시집가서도 고생하고 살지 말라며 항상 귀하게 먼저 밥을 떠서 준다고 했다.

처음에는 그래도 '아빠 밥을 먼저 떠드려야 되는 게 아닌가?'라고 생각했는데 다시 생각해보니 '집에서 귀한 대접을 받고 커야 나가서 다른 사람들도 귀하게 대해주지 않을까?'라는 생각이 들었다.

자기 자신도 마찬가지인 것 같다. 누가 나를 사랑해주기를 기다리지 말고, 내가 나 자신부터 사랑해줘야 한다. 나에게 스스로 매일 고생했다고 이야기해주고 또 매일 잘했다고 칭찬도 해주어야 한다. 온전히 나만이 나의 모든 상황을 이해해줄 수 있기 때문이다.

"당신은 스스로를 좋아합니까?"라는 질문에 어떤 사람은 좋아한다고 대답할 것이고 어떤 사람은 아니라고 대답할 것이다. 그리고 만약 아무런 대답도 하지 못하는 사람이 있다면 지금 당장 나는 나를 좋아하는지 아닌지 스스로 생각해보는 시간을 가지기를 바란다.

왜냐하면 더 나은 인생을 살기 위해 그리고 성공한 삶을 살기 위한 첫 번째 걸음이 바로 나를 사랑하는 일이기 때문이다. 꽃을 좋아하는 사람은 꽃을 꺾는다. 그렇지만 꽃을 사랑하는 사람은 꽃에게 물을 준다. 사랑하기 때문에 있는 그대로를 받아들이고 기다려주며 더욱 성장하도록 돕는 것이다.

나는 이 혼란스러운 세상 속에서 지금까지 묵묵히 버티고 살아낸 나를, 그리고 모두의 어깨를 두드려 주고 싶다. 그동안 살아오느라 참 애썼다. 아무것도 이룬 것이 없어도 대한민국에서 '도리'를 하며 살아간다는 것이 쉽지만은 않았을 것이다. 부모 된 도리, 자식 된 도리 그리고 온갖 경조사를 챙겨가며 사람 도리를 하다 보면 어느새 나 자신은 저만큼 밀려나 있다.

스물아홉이 되던 해 버킷리스트에 있던 혼자 떠나는 여행으로 일본 유후인에 간 적이 있다. 유후인은 온천으로 유명한 곳이라서 료칸마다 자체 온천을 가지고 있어서 단독 노천 온천욕이 가능했다. 나는 뜨거운 온천물이 호수로 유입되면서 물안개가 자욱해서 너무나 멋진 긴린코 호수 근처에 숙소를 잡았다.

숙소 근처에는 동화마을처럼 아기자기한 예쁜 상점들이 많아서 혼자 구경을 다니기에 제격이었다. 셀카봉으로 사진도 찍고 혼자 차도 마시며 오롯이 나만의 시간을 가져본 적이 있다. 어차피 주변엔 일본인들뿐이라서 옆 테이블에서 들리는 소리들도 모두 백색 소음일 뿐이었다.

점심 때가 되어 창가 쪽 자리가 예쁜 식당을 찾아갔다. 일본은 1인 문화가 잘 발달되어 있는 나라여서 혼자 식사하는데 불편함이 없었다. 나무로 된 커다란 쟁반에 음식이 나왔는데 나도 모르게 그만 '우와' 하는 감탄사를 내뱉을 수밖에 없었다. 쟁반과 그릇 위에 형형색색 예쁜 꽃들로 장식되어 있는 음식이었는데, 나는 그렇게 예쁜 음식은 태어나서 처음 보았다.

혼자 점심을 먹어야 했기 때문에 '에이, 그냥 대충 때우지 뭐.' 하고 주문을 했는데 갑자기 몹시 대접받는 기분이 들었다. 문득 혼자일 때 나 자신에게 더욱 잘 대해주어야겠다는 생각이 들었다. 그래서 그다음 날부터는 혼자 여행해도 잘 차려입고 누구를 만나러 가는 것처럼 예쁘게 화장도 했다. 괜히 기분이 좋아졌다. 나에게 시간과 돈을 투자하는 것도 꽤 괜찮은 경험이라는 것을 깨닫게 되었다.

그런데 며칠째 아무하고도 말을 하지 않다 보니 이제는 목소리까지 안 나올 지경이었다. 계속 혼자 저녁을 먹자니 지겹기도 했다. 토토로 상점 앞 포토존에서 사진을 찍기 위해 쭉 줄을 서서 기다리는데 내 앞에 줄을 서 있는 여자가 보였다. 아무래도 나처럼 혼자 여행을 온 모양이었다.

마침내 내 앞에 줄을 서 있던 여자의 차례가 됐고, 그녀는 포토존에 서서 셀카를 찍고 있었다. 나는 먼저 가서 말을 걸었다. "제가 찍어드릴까요?" 그녀는 감사하다고 말하며 나에게 카메라를 내밀었고 그 만남이 인연이 되어 저녁까지 함께 먹게 되었다.

근처 식당에 앉아 메뉴를 고르는데 서로 먹고 싶은 걸 고르라며 '괜찮다'는 말만 20분째 하고 있었다. 어떤 메뉴가 맛있는지 입맛에 맞을지도 모른 채 혹시 내가 잘못 골랐다가 맛이 없으면 곤란할 것 같았기 때문에 메뉴 선택을 망설이고 있었다.

3일 동안 혼자 밥을 먹으면서 내가 먹고 싶은 걸 골라서 마음껏 먹다가 3일 만에 누구와 함께 밥을 먹으니, 좋기도 하면서 약간 불편하기도 했다. 나는 피식 웃음이 났다. 사람이 환경에 적응하는 동물이라더니 어느새 나는 혼자에 익숙해진 모양이었다.

저녁을 먹고 헤어지면서 뭔가 딱히 좋지도 싫지도 않은 깔끔하지 않은 기분이 들었다. '괜찮아! 인생은 원래 안 깔끔한 거야!'라고 생각하며 숙소로 돌아왔다. 오늘 여행 일기는 한 줄로 간단히 쓰기로 했다.

'혼자서 온전히 행복할 수 있어야 둘이 있어도 행복할 것 같다.'

나는 나 자신부터 사랑하기로 했다. 누군가에게 의지하며 기대는 삶이 아닌, 나 혼자 스스로 나를 보호하고 지켜주며 살아가기로 했다. 그래야 다른 사람에게도 더욱 넘치는 배려를 할 수 있을 것 같았다. 그동안 '세상에 보여주기 위한 삶'을 살았던 나의 과거를 돌이켜보니, 과거의 나에게 참 미안하기도 하고 안타깝기도 했다. 나는 앞으로도 계속 삶의 우선순위에 가장 먼저 '나'를 두고 살아갈 것이다.

03

위험을 감수하고 하고 싶은 걸
할 용기를 가져라

나에게 닥친 시련을 내가 극복하지 못했다면, 결국 내가 패배하기를 바라는 어떤 힘에
스스로 무릎을 꿇는 결과가 되지 않았을까. 하지만 나는지지 않았다.

– 김연아 –

어른들은 어린아이들에게 용기 있는 사람이 되어야 한다고 말한다. 도
대체 어떤 사람이 용기 있는 사람이라는 것일까? 나는 사전에서 '용기'라
는 단어를 검색해보았다. 사전에서는 '용기'란 어떤 일을 할 수 있는 '자신
감'이라고 나와 있었다. 나는 지금까지 용기란 무언가 세상에 맞서 싸울
만큼 엄청난 것이 있어야만 한다고 생각해왔다. 하지만 용기는 어떤 일
을 잘하는 능력이 아니라 그저 잘할 수 있는 자신감만 있으면 되었던 것
이다.

대부분의 사람은 완벽주의자이다. 무언가를 시작할 때 완벽하게 준비

되지 않으면 잘 시도하지 않는다. 조금이라도 리스크가 있으면 '실패하면 어쩌지.' 하는 생각을 먼저 한다. 하지만 지금 성공한 사람 중 그 누구도 본인이 성공할 것이라고 완벽하게 알지 못했다.

스티브잡스도, 오프라윈프리도, 심지어 오바마 대통령도 처음부터 본인이 성공할 것이라고 예상하지 못했을 것이다. 그저 본인이 하고자 하는 의지와 꿈에 대한 확신, 그리고 스스로에 대한 믿음만으로 용기를 내서 도전했을 것이다.

물론 그들도 항상 성공만 한 것은 아니었다. 수많은 실패를 반복하며 마침내 본인이 원하는 것을 이룬 것이다.

제63회 그래미 시상식에서 비욘세(Beyonce)는 통산 스물여덟 번째 트로피를 손에 쥐었다. 동시에 그래미 어워드 역대 최다 수상 여성 아티스트라는 신기록도 함께 달성했다. 그래미상을 28번이나 수상한 비욘세는 이렇게 말했다.

"꿈을 이룬다는 것이 얼마나 힘든 것인 줄 알고 있어요! 하지만 해야만 합니다. 저는 28번의 그래미상을 수상했습니다. 그리고 46번 떨어졌어요. 46번이요! 성공하는 방법은 간단합니다. 실패를 두려워하지 말고 계속 노력하세요."

우리가 운이 좋아 성공했다고 생각하는 사람들조차 노력 없이 얻은 결과는 아무것도 없다. 그런데 우리는 그들보다 더 나은 아이디어와 재능을 갖고 있지도 않으면서 시도조차 하지 않는 삶을 살고 있다. 위험 없는 일이 세상에 있을까? 그렇다면 여러분이 지금 살고 있는 삶은 기회비용과 리스크가 전혀 없는가?

정확한 목표가 없다면 평균적인 삶조차 유지하기 어려워질 수도 있다. 2016년 갤럽 리포트에 따르면 지구상의 87%의 사람들이 자신이 지금 하고 있는 일을 싫어한다고 한다. 그들은 몇십 년 후의 은퇴를 기다리며 하루하루를 버티며, 생계를 유지하기 위해 일하고 있다. 나는 여기서부터 비극이 시작된다고 생각한다. 지금 당신이 가지고 있는 직업은 다른 사람에 의해 유지되고 움직이고 있다. 이렇게 수동적인 삶에서 어떻게 하고 싶은 일을 하며 만족스러운 삶을 살 수 있을까?

나 역시 오랜 직장생활을 경험하는 동안, '지금 이대로도 괜찮다'고 생각하며 스스로를 합리화하며 자기 위안을 삼았던 적이 많았다. 하지만 이런 선택과 생각으로 버티기에는 하루하루가 지루하고 고통스러웠다.

일을 그만두고 싶을 만큼 힘들지는 않았지만 매일 반복되는 일상과 업무에 성취감이나 성장되는 느낌은 전혀 없었다. 나는 가슴 뛰지 않는 일을 하며 평생을 사느니, 차라리 위험을 감수하고 더 열심히 살아가는 쪽을 택했다.

당신의 주변에는 당신을 격려하고 응원하는 가족과 친구들이 많을 것이다. 어떤 일을 할까 말까 고민할 때마다 아마 걱정을 가장해 절대 하지 말라고 말릴 것이다.

"그거 너무 위험할 것 같은데."
"너 정도면 충분히 괜찮아."
"지금 아무것도 하지 않아도 돼."

아마 당신의 친구들은 5년 전, 10년 전에도 당신에게 똑같은 이야기를 했을 것이다. 자 이제 지금 스스로의 모습을 객관적으로 바라보자! 그때 그렇게 나를 위해서 말렸던 친구의 말을 듣고 보니 지난 5년의 세월이 행복했는가? 아마 아닐 것이다. 앞으로 5년 후도 마찬가지일 것이다. 우리는 지금 나를 위로해주고 함께 놀 친구가 필요한 것이 아니다. 진정 나를 위한다면 뼈 때리는 조언을 하더라도 나를 정신 차리게 해줄 친구가 필요한 것이다.

나는 5년 전 가족과 친구 모두가 반대하는 네트워크 사업에 뛰어들었다. 주변의 시선과 세상의 기준을 제외하면 모든 것이 나와 딱 맞는 직업이었기 때문이었다. 출퇴근 없이 원하는 시간에 원하는 곳에서 일할 수 있었다. 그리고 내가 열심히 일한 만큼 결과에 따라 보상받는 시스템이었다. 나는 누구보다 열심히 일할 자신이 있었다. 그래서 나는 더 큰 보상을 원했고 열심히 하는 과정에서 더욱 성장할 수 있었다.

하지만 주변의 반대를 극복하고 설득하는 과정은 쉽지 않았다. 공무원은 부모님 몰래 그만두었고 3개월간 매일 출근하는 것처럼 8시에 나가서 저녁이 되어서야 집에 들어갔다. 새벽까지 일할 때면 전기세 아깝게 불을 켜 놓는다며 엄마에게 혼나기 일쑤였다. 하지만 회사에서 야근하던 때와 달리 나만의 일을 한다는 것이 몹시 즐거웠다.

멜 로빈스는 그녀의 저서 『5초의 법칙』에서 다음과 같이 말했다. "당신의 삶을 변화시키기 위해 지금 해야 할 것은 일상에서, 용기 있게, 스스로를 행동으로 밀어붙이는 것이다." 그녀는 5-4-3-2-1을 세는 것만으로 침대에서 자신의 몸을 일으켜 세울 용기를 얻었다고 말한다. 5초 안에 빠르게 행동해버리라는 것이다.

우리의 뇌는 위험한 상황으로부터 스스로를 지키려고 세팅되어 있다고 한다. 그래서 우리가 옷을 사거나 신발을 살 때는 주저 없이 저지르지만, 무언가를 도전하고 시작하려고 할 때 우리의 뇌는 그것을 주저하게 만든다고 한다. 그리고 이것은 당연하다.

왜냐하면 인간은 무언가를 선택함으로써 생사가 오가는 일이 많았기 때문이다. 하지만 우리가 이런 뇌를 이기고 지금까지 하지 않던 무언가를 성공하기 위해서는 주저하지 말고 5초 안에 행동하는 용기를 가져야 한다고 말한다.

어떻게든 성공해야겠다는 확실한 목표가 있다면, 위험이나 두려움은 더 이상 장애물이 아니다. 성공의 승패는 그 위험을 어떻게 대응하고 감수하느냐에 달려 있다. 나의 부족함을 인정하고 몇 배로 더욱 노력하자. 그렇게 노력하다 보면 스스로 원하는 목표에 조금씩 가까워질 것이다. 지금 당장 할 수 있는 것부터 하나씩 해보자. 자, 이제 5초 안에 움직일 용기만 있으면 된다!

04

평생을 바쳐도
아깝지 않을 꿈을 가져라

이것보다 더 잘할 수는 없다는 단계까지
갈 정도로 캐스팅에 대비했다.

– 모델 한혜진 –

캐나다에서 만난 친구 중 이름이 '백두산'인 친구가 있었다. 이름이 특이해서 한번 들으면 잘 잊히지 않는 이름이었다. 친구들끼리 모여 앉아 어떻게 캐나다에 유학을 오게 됐는지에 대해서 이야기를 하고 있었다.

아들 이름을 '백두산'이라고 지으실 정도면 두산이 아버지도 보통 분이 아니실 것 같다는 생각이 들었다. 백두산의 아버지는 부산에서 사업을 하신다고 했다.

어느 날 두산이에게 하얀 종이를 내밀며 이렇게 말씀하셨다고 했다.

"두산아~ 니 꿈을 그려보그라!"

"네?"

"이 종이에 니 꿈을 그려봐!!"

"아부지, 저 꿈 없는데요!"

"퍼뜩 그리라!"

백두산은 결국 아무것도 그리지 못했다고 했다. 그리고 그의 아버지는
이렇게 말씀하셨다.

"두산아, 니가 처음부터 호랑이를 그리려고 마음을 먹었으면, 니가 실
패해도 고양이는 된다. 하지만 니가 처음부터 고양이를 그리려고 마음먹
었으면 실패하면 아무것도 아니다. 알겠제? 남자가 꿈은 크게 가져야 된
다!"

그때까지 아무 꿈도 없던 백두산은 아버지의 말을 가슴에 새기고 캐나
다로 건너와 본인의 꿈을 찾기 시작했다. 그 이야기를 듣고 난 후부터 나
도 꿈의 크기에 대해 생각하게 됐다. 그전까지는 하고 싶은 일이 생겨도
늘 여러 가지 환경을 탓하며 '나는 안 될거야.'라고 생각하며 쉽게 포기했
었던 것 같다. 경험이 많지 않다 보니 딱히 간절하게 하고 싶은 것을 찾
지도 못한 것 같다. 그렇다고 예체능이나 공부에 뛰어난 재능이 있었던

것도 아니다. 정말 나는 지극히 평범한 학생이었던 것이다.

그냥 그 당시 유행했던 드라마에 따라 나의 꿈도 변했다. 승무원이 주인공일 때는 승무원이 되고 싶었다가 아나운서가 주인공일 때는 아나운서가 되고 싶었다. 잘하는 것도 없고 흥미만 다양했던 나는 진로 선택에 몹시 어려움을 겪었다. 하지만 '꿈을 크게 가져야 한다'는 두산이 아버님 말씀처럼 꿈의 크기가 큰 사람은 그만큼 더 큰 노력을 하게 되어 있다.

우리가 어렸을 때부터 너무나 많이 듣고 자란 '꿈'은 정확히 무엇일까? 당신은 꿈이 있는 사람과 없는 사람이 무슨 차이가 있는지 생각해본 적이 있는가? 나 역시 꿈이 없었던 시절과 꿈이 있는 지금 어떤 차이가 있는지 생각해보았다. 꿈이 없었던 시절은 내가 되고 싶고 하고 싶은 것보다 다른 사람이 좋다고 나에게 주입된 꿈을 좇아갔다. 그러니 당연히 재미도 없고 힘이 들면 쉽게 포기하게 되었던 것이다. 하지만 내 꿈이 정확한 지금은 아무리 힘들어도 꿈을 이루고 목표를 달성하기 위해 밤을 새도 피곤하지 않다.

스티브 잡스는 스탠포드대학 졸업식 연설에서 다음과 같이 말했다.

"정말로 좋아하는 일을 찾으세요! 오늘 세계 최고 명문 대학으로 손꼽히는 이곳 졸업식에 참석하게 되어 영광입니다. 여러분에게 제 인생에 대해 세 가지 이야기를 하려고 합니다. 그렇습니다. 별 게 아니에요. 단지 세 가지 이야기뿐입니다.

첫 번째는 점을 연결하는 것입니다. 그 점이 어떻게든 미래에 연결되리라고 믿어야 합니다. 여러분의 배짱, 운명, 인생, 인연 같은 것들이요. 이 접근은 한 번도 절 실망시킨 적이 없고 제 인생을 완전히 바꾸어놓았습니다.

두 번째는 사랑과 상실에 대한 것입니다. 여러분의 일이 인생에서 큰 부분을 차지할 때가 오는데 일을 진심으로 즐기려면 여러분이 하는 일을 사랑하세요. 아직 못 찾았다면 계속 찾으세요. 안주하지 마세요. 그러니 찾을 때까지 계속 노력하세요. 안주하지 마세요!

세 번째는 죽음에 대한 것입니다. '하루를 살아도 마지막인 것처럼 살아라.' 오늘이 내 인생의 마지막 날이라면 오늘 하려던 일을 할 것인가? 이 질문에 '아니오.'라고 대답하는 날이 많아질수록 변화가 필요합니다. 죽을 운명이라고 생각하면 진심을 따르지 못할 이유가 있습니까? 여러분의 시간은 한정되어 있습니다. 다른 사람의 인생을 살면서 시간을 낭비하지 마세요.

그리고 마지막으로 "Stay Hungry. Stay Foolish.(만족하지 말고 항상 배우는 자세를 유지하라)"라는 말로 연설을 마무리했다.

나는 성공한 네트워커가 되는 것이 꿈이다. 단순히 돈을 많이 버는 것이 목적이 아니라 나와 함께하는 파트너들과 함께 누가 건드려도 절대 무너지지 않는 팀을 만드는 것이 나의 목표이다. 그들의 꿈을 함께 지지해주고 시간적, 경제적, 공간적 자유까지 함께 누릴 수 있는 것이 바로 네트워크 사업의 매력이다. 나 혼자 시작한 사업이 베가의 법칙에 의해 시간이 지날수록 커져가면서 파이프라인을 완성해가는 것이 몹시 재미있고 즐겁다.

그리고 내 사소한 경험을 글을 통해 많은 사람들과 함께 나누고 싶다. 요즘은 SNS가 발달하여 책 이외에도 다양한 채널로 독자와 소통할 수 있어서 너무 감사하다. 기회가 된다면 멋진 강연가로서도 활동하고 싶다. 누군가에게 내 이야기를 들려줄 수 있다는 건 너무나 멋진 일이기 때문이다. 누군가가 내 책을 보고, 강의를 듣고 조금이라도 위로받고 더 행복한 삶을 살 수 있다면 이 또한 굉장히 보람될 것 같다.

하나님은 모든 사람들에게 각자가 잘할 수 있는 달란트를 주신다고 한다. 나는 동기부여가로 사람들이 꿈을 찾는 것을 도와주고 싶다.

사진작가 로베르 드와노의 작품 중 〈Musician in the rain〉이라는 사진은 첼로 연주가가 비가 오자 자신이 쓰지 않고 본인의 악기에 우산을 씌워주는 장면이다. 다음 문구가 너무나 감동적이었다. '나는 젖어도 내 꿈아, 너는 젖지 말아라.' 짧은 이 한 줄로 자신의 꿈을 얼마나 사랑하는지 행동으로 보여주고 있다. 우리도 이 사진처럼 평생을 바쳐도 아깝지 않을 꿈을 찾아보는 것은 어떨까?

05

성공한 사람들은 자신이
성공한 이유를 알고 있다

승리하는 사람들은 자신이 어디로 가고 있는지, 그 과정에서 어떤 일을 할 계획인지,
그 모험을 누구와 함께 할 것인지를 알고 있다.

– 데니스 웨이틀리 –

'성공'이란 무엇이라고 생각하는가? 성공의 사전적인 의미는 '목적하는 바를 이룸'이다. 농구를 하는 아이는 슛을 하며 농구 골대에 농구공이 들어갔을 때 "성공!"이라고 외치며 두 팔을 번쩍 들어 올릴 것이다. 즉 목적이 없다면 성공도 없다는 이야기이다.

우리가 공부를 잘하려면 공부를 잘하는 사람을 찾아가서 배우고, 축구를 잘하려면 축구를 잘하는 사람을 찾아가서 배운다. 그렇다면 성공하기 위해서는 어떻게 해야 할까? 그렇다! 우리가 성공하기 위해서는 성공한 사람들이 어떻게 했는지를 배우고 그대로 따라 하면 된다.

스노우폭스 그룹의 김승호 회장님은 미국에서 40대 이후에 자수성가 하신 사업가이다. 미국으로 건너가 일곱 번이나 사업에 실패했지만 오뚝이처럼 다시 일어나 지금은 미국과 유럽 등지에 1,300여 개 도시락 매장을 갖고 있다.

현재 개인 재산이 4,000억 원을 넘는다. 회사에 부채는 하나도 없다. 나는 우연히 인스타그램을 보다가 전남 광주에서 회장님이 깜짝 강연을 하신다는 소식을 듣고 달려가 어느 작은 카페에서 회장님 강의를 듣게 됐다. 대단한 기업의 회장님이라고는 생각되지 않을 만큼 푸근하고 선한 인상을 가지셨다.

회장님은 강의에서 '돈에도 생명이 있다'고 말씀하셨다. 우리가 돈을 귀하게 여기고 잘 대해줬을 때 돈도 '이 집 괜찮다.' 하면서 친구들을 많이 데리고 온다고 하셨다. 반대로 돈을 함부로 대하고 쉽게 써버리는 사람들에게는 돈도 쉽게 떠나버린다고 하셨다. 즉 돈을 인격체로 대하라는 것이었다.

그의 저서 『돈의 속성』에서는 성공으로 가는 많은 방법을 말해주고 있다. 그중 인상 깊었던 부분은 재산을 지키기 위해서 회장님이 매일 하는 일이다. 안식년에도 하루도 거르지 않고 하루 중 일정 시간을 세계 경제와 돈의 흐름에 대한 정보를 모으고 구분하고 이해하는 데 보낸다고 한다.

나는 돈을 벌 생각만 했지 그 돈을 지키고 유지하기 위해 무언가를 할 생각은 하지 못했는데 이 부분이 굉장히 신선했다. 성공한 사람일수록 더 바쁜 것은 이 때문이 아닐까?

『150억 부자의 부의 추월차선』의 저자 구세주 김도사님은 시간의 중요성에 대해 언급하셨다. 우리의 인생은 시간으로 이루어져 있다. 당신이 일용할 양식을 구하기 위해 자유를 파는 사이에 인생에서 가장 소중한 것들은 사라져가고 있다.

성공은 위치를 바꾸는 데서 시작된다. 대부분의 사람이 가난하게 사는 것은 처음부터 잘못된 위치에서 출발했기 때문이다. 비포장도로에서는 아무리 성능 좋은 슈퍼카 페라리, 람보르기니라 해도 거북이처럼 기어서 가야 한다.

인생은 시간이다. 남아 있는 시간 동안 무엇을 할지, 무엇을 하지 않을지 결정해야 한다. 무엇을 할지 결정했다면 한정된 시간에 그것을 실행하기 위해 추월차선으로 달려야 한다.

저자는 한정된 시간 안에 최고의 선택을 하라고 말한다. 당장 눈앞만 내다보는 선택보다 멀리 내다보는 선택을 하라고 말하고 있다.

김도사님과는 책 쓰기를 배우면서 인연이 된 사이이다. 책의 제목처럼 흙수저로 태어나 40대에 자수성가해 150억 자산가가 되신 분이다. 김도사님은 작가이자 대단한 코치이다. 본인이 부자가 되는 사람은 많지만 다른 사람들을 부자가 될 수 있도록 가르칠 수 있는 사람은 많지 않다. 다른 사람을 성공시키는 것이 본인이 성공하는 것이라는 걸 솔선수범하여 보여주고 계신다.

마지막으로, 토니 로빈슨의 『머니(Money)』에서는 부의 거인들이 밝히는 7단계 비밀을 말해주고 있다. 토니 로빈슨은 다음과 같이 질문한다.

"현재 평생을 좌우할 중요한 재무 결정을 내렸는가?"
"평생 소득 계획을 설계했는가? 현실적인 목표는 있는가?"

이미 돈과 관련된 중요한 결정, 계획, 목표를 설정했다면, 당신은 경제적 자유로 가는 확신의 성공 계단을 오르고 있는 것이다.

토니 로빈슨은 어린 시절 4명의 아버지를 거치면서 처절하게 경제적

결핍을 경험하고, 어렵게 모은 4억 달러에 달하는 자산을 한순간에 잃었다.

그리고 그는 그 스스로에게 물었다.

'내가 무엇을 할 수 있을까?'

저자는 다음과 같이 답했다. "가장 먼저 우리는 진짜 목적을 분명히 이해해야 한다. 평생 수입원을 만들어 다시 억지로 일할 필요가 없는 인생을 누리는 것. 그것이 이 책이 전념하는 가장 중요한 결과이다. 진정한 재무적 자유가 목적이다."

그리고 그는 행복에 관해서도 언급했다. "돈을 안전하게 지키고 많이 불리는 것도 중요하지만 재무적 자유에 이르는 동안에도 즐겁게 살고 베풀고 충실하게 사는 것도 중요하다는 사실을 절대 잊어서는 안 된다. 그것이 가장 중요하다. 드림 버킷은 '비 오는 날'을 위해 저축하는 돈이 아니다. 지금 당장 밖에 나가 화창한 날을 만끽하는 것도 좋지 않겠는가?"

즉, 우리는 우리가 부자가 되고 싶도록 마음먹게 만드는 절실한 무언가를 찾아야 한다. 그것을 찾는 순간 우리는 진정한 부자가 된다. 진정한 부자는 시간적, 경제적 자유뿐만 아니라 공간적 자유를 함께 만끽하는 것이다.

당신은 억지로 일할 필요가 없는 삶을 상상해본 적이 있는가? 바쁜 사람들은 돈을 벌 시간이 없다. 돈에 의해 수동적으로 움직이는 자세로는 이러한 삶의 모습을 그려볼 수가 없다.

따라서 성공하기 위해서는 성공자들이 걸어온 길을 걷자. 즉 돈을 공부함으로써 우리는 돈으로부터 자유로운 삶을 살게 될 것이며, 불안하지 않은 미래를 사는 진정한 성공자가 될 수 있을 것이다.

잘하는 일에 자신의
모든 에너지를 집중하라

삶의 기술이란 하나의 목표를 선택하여
거기에 힘을 집중시키는 일이다.

– 앙드레 모루아 –

나는 시험공부를 할 때 항상 귀에 이어폰을 꽂고 음악을 들으며 공부했다. 그럴 때마다 엄마는 시끄러운 음악을 들으면서 무슨 공부가 되냐고 머리를 쥐어박으시곤 하셨다. 내 느낌으로는 음악을 들으면 시끄러운 소리가 차단돼 더 집중이 잘되는 것 같았다. 바쁜 현대인들은 여러 가지 일을 한꺼번에 하는 것에 익숙해져 있다. 예를 들면 음악 들으면서 운전하기, 걸어가면서 문자 보내기, 통화하면서 요리하기, 밥 먹으면서 영화 보기 등이 있다.

정말 우리 뇌는 이렇게 여러 가지 일을 한 번에 수행할 수 있을까? 영국의 한 연구팀이 멀티태스킹에 대해 재미있는 실험을 했다. 두 그룹으로 나누어 한 그룹은 껌을 씹으며 문자를 외우게 하고, 나머지 한 그룹은 그냥 문자를 외우게 했다. 결과는 놀라웠다. 껌을 씹으면서 문자를 외운 팀이 55점으로 그냥 외운 팀보다 점수가 25점이나 낮게 나온 것이다. 손가락을 두드리며 문자를 외웠을 때도 같은 결과가 나왔다.

그렇다면 왜 우리의 뇌는 이런 결과를 만들어냈을까? 내가 어렸을 때 동시에 할 수 있다고 생각했던 것들은 바로 모두 착각이었던 것이다. 동시에 하는 것처럼 보이지만 실제로 우리의 뇌는 여러 가지 일들을 왔다 갔다 순차적으로 진행하고 있었던 것이다. 그래서 아무리 간단해 보이는 일이라도 한 가지 일을 할 때보다 집중력이 당연히 떨어질 수밖에 없는 것이다.

나는 이 책을 읽는 모든 사람이 조금 더 나은 선택을 하기를 바란다. 지금 생각을 전환하지 않는다면 앞으로의 인생도 지금과 별반 다르지 않을 것이다.

여러분이 보고 듣고 하는 외부 환경에 의해 여러분들은 어떤 생각을 하게 된다. 그리고 그 느낌을 느끼면서 감정을 가지게 되고 그 감정을 통해 행동하게 된다. 그 행동에 의해 결과가 생기게 되는 것이다. 그래서 여러분의 생각은 여러분의 성공과 몹시 밀접하게 연결되어 있다.

그렇다면 '더 나은 선택'을 위해서는 무엇부터 해야 할까? 계속 부정적인 생각이 머릿속을 맴돈다면 이런 생각들을 몰아내는 연습부터 해야 한다. 태어난 아이가 바로 걸을 수 없듯이 생각하는 연습도 꾸준히 반복해서 해야 잘할 수 있게 된다.

어떤 일이든 성공하기 위해서는 모든 단계가 존재한다. 다만 우리가 익숙하지 않아서 그 단계들을 뒤죽박죽으로 헝클어 놓고 놓치고 있었던 것이다. 먼저 자신이 진정으로 원하는 것이 무엇인지를 찾아야 한다. 시험을 준비하는 학생들은 합격이 목표일 것이고 나처럼 네트워크 사업을 하는 사람들은 승급이 목표가 될 것이다.

두 번째는 목표한 바를 이루기 위해 무엇을 포기할지를 결정해야 한다. 보통 사람들은 시간이 남으면 무언가를 하려고 한다. 하지만 바쁜 현대인들은 늘 시간에 쫓기며 산다. 다른 일을 하는 시간을 잠시 내려놓고 일부러 내 꿈을 이룰 시간을 확보해 놓아야만 목표를 달성하는 데 필요한 시간을 사용할 수 있다. 예를 들면 SNS하는 시간을 줄여서 차라리 본인의 SNS에 피드를 업로드하길 바란다. 친구들과 어울리는 시간을 줄이고 자기발전의 시간을 가질 수도 있다.

세 번째는 목표를 시각화하고 구체적인 계획표를 만들어야 한다. 나는 20대에 중학생들의 진로 코디네이터 강사를 한 적이 있다. 그때 아이들에게 꿈을 이루는 방법에 대해 강의했다. 꿈을 이루는 방법은 간단하다.

"목표를 월로 나누고, 그 목표를 일로 나누고, 하루에 그 목표를 해나가기만 한다면 너의 꿈은 이루어진다."

날짜와 할 일 그리고 점검하는 곳까지 있으면 더 좋다. 매일 쓰기 어렵지 않아야 하고 늘 지니고 다니기 편해야 한다. 실제로 나는 이 계획표를 통해 단기간에 많은 매출을 올렸으며 나의 산하 팀들에게도 이 방법을 적용해 많은 성공자를 배출한 경험이 있다.

마지막으로 잘하는 일에 자신의 모든 에너지를 집중하길 바란다. 혹시 그런 경험이 있는지 생각해보자. 평일은 하루하루가 너무나 길게 느껴지는데 주말은 눈 깜짝할 사이에 지나간다. 일을 할 때는 1분 1초가 1시간 같은데, 퇴근 후 친구와 수다 떨면서 놀 때는 몇 시간이 30분처럼 지나가 버린다.

흔히 '집중'을 해야 한다고 하면 하기 싫은데 억지로 해야 하는 느낌이 든다. 이것은 진짜 집중이 아니다. 진짜 집중이란, 당신이 친구랑 수다를 떨때 시간이 빛의 속도로 지나가는 것처럼 내가 재미있는 것을 하고 잘하는 것을 할 때가 바로 진짜 집중하고 있는 순간인 것이다.

그래서 앞의 네 가지 방법으로 내가 자연스럽게 빠져들어 집중할 수 있는 환경을 만들어주어야 하는 것이다. 올림픽 육상대회에 출전하는 선수들은 모두 달리기를 잘한다. 0.1초 만에 승부가 갈리는 육상경기에서는 하위권 선수들이 금메달을 딴 선수보다 달리기를 잘하지 못하는 것이 아니다. 다만 금메달을 딴 사람이 그 짧은 순간에 얼마만큼 더 집중했느냐에 따라서 승패가 갈리는 것이다.

만약 여러분이 집중하려고 해도 잘되지 않을 때는 성공한 사람이라면 이럴 때 어떻게 했을까를 생각해보길 바란다. 당신이 부모라면 자식을 위해서 조금 더 집중해 보자. 만약 당신이 나처럼 아직 미혼이라면 집중이 되지 않을 때 나의 부모님은 어떻게 했는지 생각해 보자. 아마 힘든 순간에도 자식들 생각에 꾹 참고 앞으로 나아가셨을 것이다.

당신이 목표를 달성하기 위해 에너지 전부를 올인해야 하는 이유는 이미 성공자들은 당신보다 더욱 많은 노력과 집중력을 발휘하고 있기 때문이다. 그들이 하고 있는 노력을 100이라고 했을 때 우리는 10 정도의 노력도 하지 않는 것이다. 노력도 하지 않으면서 SNS의 인플루언서나 연예인을 보면서 그들의 삶을 부러워하기만 한다.

『하기 싫은 일을 하는 힘』에서 저자 홍주현은 다음과 같이 말했다.

"만약 매일 한 가지 일을 꾸준히 지속한다면 세상은 차츰 당신을 중심으로 돌아갈 것입니다. 그러나 진득하지 못하게 이 일 저 일 손대는 사람은 평생 세상을 중심으로 돌아야 할 것입니다."

자, 지금 당신은 이 글을 읽고 행동을 할 수도 있고, 안 할 수도 있다. 이 모든 것이 당신의 선택이다. 하지만 아무 행동도 하지 않으면 아무 변화도 일어나지 않을 것이다. 생각을 바꾸고 지금 당장 결심해야 한다.

나는 최고직급을 달성하기 위해 단기간 계획을 세웠다. 월 마감까지는 20일이 남아 있는 상황이었고 하루에 해야 할 일을 메모하여 시각화했다. 나는 목표가 매우 확고했기 때문에 20일 동안 나의 가장 중요한 우선순위는 '승급'이었다.

일단 목표가 강력하다 보니 매일 집중해야만 했다. 당연히 일찍 일어나야 했고, 일찍 일어나려면 일찍 잠이 들어야 했다. 나는 워라밸을 포기했다.

친구들과의 약속도 미루고, 술자리도 멀리했다. TV는 보지 않기 위해 리모컨에 배터리를 모두 빼버리고 목표를 달성하기 위해 미팅 횟수를 늘리기 시작했다. 밥을 먹는 시간이 아까워서 점심은 간단하게 때웠다.

최고 직급이라는 목표를 설정한 뒤 계획표를 작성해 이를 습관화했고 이번 달 안에 최고 직급을 달성하겠다고 많은 사람들 앞에서 선포했다. 그리고 일단 저질러 놓은 다음 수습하기 위해 매일 집중하며 더 열심히 뛰었고 선택하는 과정에서 포기할 것을 과감하게 정리했다. 그리고 나는 내가 원하는 결과를 얻을 수 있었다. 단 20일 만에 일어난 일이다.

아주 간단한 방법이지만 행동하기는 결코 쉽지 않다. 얼마 전 이런 방법을 적용하여 단 3일 만에 나와 같은 목표를 달성한 팀원도 있다. 모든 행동에 들러리가 되지 말고 주체가 되길 바란다. 일은 조금 고될지 몰라도 분명 그 과정에서 배우는 것이 있을 것이다.

07

5년 후 당신은 누구와
어디에 있을 것인가?

미래는 앞으로 밀고 나아가는 자에게 보상한다. 나에게는 후회할 시간도,
불평할 시간도 없다. 나는 앞으로 밀고 나아갈 것이다.

- 버락 오바마 -

　5년 전 나는 사무실에 앉아 멍하니 퇴근 시간만 기다리던 공무원이었
다. 계속 나를 지켜보는 팀장님이 부담스럽고 싫어서 책상 왼편에 큰 화
분을 기르기 시작했다. 그 화분이 빨리 자라서 내 머리까지 자라기를 바
라며 매일 물을 주고 정성껏 보살폈다. 그 화분이 유일한 내 친구였다.
나는 5년 후, 10년 후에도 같은 모습으로 살고 싶지 않았다. 이렇게 의미
없는 시간을 보내며 낭비하기엔 내 인생은 너무 소중했다. 억만금을 줘
도 다니기 싫을 만큼 그때 나의 마음은 몹시 아프고 힘들었다.

　아마 많은 사람들이 나와 같은 경험을 할 것이다. 회사의 경직된 문화

에 치이기도 하고 이기적인 상사 때문에 화가 나기도 할 것이다. 혼자 힘으로 대항할 수 없는 것들이 우리를 힘들게 한다. 어디서부터 잘못된 것인지, 내가 뭘 잘못했는지, 잘해보고 싶은데 뭐부터 시작해야 하는지 아무도 알려주지 않았다.

그때 나는 위로가 필요하다고 생각했다. 그래서 매일 퇴근 후 친구들과 술자리를 하며 직장에서 있었던 불만을 친구들에게 얘기하며 스트레스를 풀었다. 하지만 지금 생각해보면 5년 전 나와 같은 상황의 사람들에게는 위로보다는 대안이 더욱 필요하다는 것을 깨달았다.

세상에 지지 않고 당당하게 걸어갈 용기가 필요하다. 5년 후에도 똑같은 삶을 살지 않기 위해 죽을 만큼 준비하고 노력해야 다른 돌파구가 생긴다. 시작하지 않으면 아무것도 일어나지 않는다. 이게 될까? 안 될까? 따지지 말고 일단 저질러라. 시작하고 수습해도 충분하다.

당신에게는 '시간'이 가장 소중한 자산이다. 시간은 누구에게나 똑같이 주어진 선물이다. 시계를 가만히 들여다본 적이 있는가? 내가 그냥 멍하게 앉아 있는 시간에도 시계는 하염없이 흘러간다. 그 소중한 시간을 나를 위해 쓴다면 하루하루의 결과들이 쌓여 분명 당신의 인생은 변하게 될 것이라고 확신한다.

당신이 5년 뒤 누구와 어디에 있을지 지금 당장 상상해보길 바란다. 당신은 당신의 5년 후의 삶을 선택할 수 있다. 하지만 분명 대가는 치러야 한다. 노력 없이 얻어지는 것은 쉽게 잃기 마련이다. 나는 상담을 하면서 많은 사람들을 만난다. 평범한 사람들의 대부분은 시간도 비용도 노력도 들이지 않고 돈을 벌기를 바란다.

하지만 세상에 그런 일이 있을까? 있다면 조심하길 바란다. 사기일 가능성이 높다. 10년 넘게 공부한 의사들도 아침부터 저녁까지 진료를 보고, 우리가 부러워하는 건물주들도 막대한 비용을 투자하여 건물을 구입했다. 우리나라에서 한 명뿐인 대통령도 새벽부터 국정을 살핀다. 그런데 평범한 우리가 아무것도 안 하고 성공하길 바란다는 것은 몹시 잘못된 생각이다.

그렇다면 지금부터 5년 후의 인생을 바꾸기 위해 해야 할 일들을 살펴보자.

1. 마음먹기

옛말에 '마음만 먹으면 안 되는 일이 없다'고 했다. 그만큼 사람이 마음을 먹고 나면 행동이 변하고 다른 결과를 가져온다. 만약 당신이 지금보다 조금이라도 더 잘 살고 싶은 마음이 있다면 지금 '즉시' 마음먹길 바란다. 내일로 미루는 순간 아무리 완벽한 조건이 갖추어져 있더라도 당신은 시작하지 못할 것이다.

2. 시각화

당신은 이제 버킷리스트를 시각화해야만 한다. 코르크보드나 큰 도화지를 준비하고 'OO의 드림보드'라고 먼저 제목을 크게 적으면 된다. 그다음 버킷리스트에 적은 내용들과 관련된 이미지를 검색해보자. 이미지를 검색하는 과정에서 내가 어떤 것을 좋아하는지, 내가 진짜 바라는 게 무엇인지를 다시 한번 깨닫게 될 것이다. 단순히 돈을 버는 것이 성공이 아니다. 당신이 목표를 시각화하는 과정에서 당신 인생의 의미를 찾길 바란다.

사진을 인화하고 드림보드에 붙인 다음 사진 옆에 포스트잇을 붙이고 그 목표를 언제까지 이룰지 기간을 적기 바란다. 그리고 이 목표들을 매일 보면서 꼭 이룰 것이라고 다짐하자.

3. 구체화

그런 다음 다시 일정표로 돌아와 그 목표를 달성하기 위한 기간을 나누고 하루에 해야 할 일을 적어보자. 그리고 그대로 실천만 한다면 당신의 목표는 달성될 것이다. 만약 너무 무리한 계획을 세웠다면, 일단 시도해본 뒤 조정해도 좋다.

3. 포기 금지

현대그룹 故 정주영 회장의 명언이 있다. "안 되면 되게 하라." 김연아 선수가 완벽한 연기를 선보이기 위해 넘어진 횟수는 셀 수도 없다. 그녀가 실패할 때마다 포기했다면 우리는 멋진 김연아 선수의 모습을 볼 수 없었을 것이다. 성공하는 방법은 딱 하나이다. 바로 성공할 때까지 계속 시도하는 것이다.

4. 확장

당신이 한 가지 일을 성공하기까지는 많은 시간이 걸린다. 하지만 하나를 성공하고 나면 그다음부터는 조금씩 쉬워진다. 일단 한 가지 일에 집중해서 완성시킨 후에 그다음 계획을 진행하면 된다. 요즘은 소셜 미디어를 통해서 자신만의 공간을 만들고 자신의 가치를 충분히 키워갈 수 있는 시대이다. 물론 처음엔 낯설고 어렵겠지만 배우려고만 한다면 분명 행운의 여신은 당신 편이 될 것이다.

나는 5년 후의 내가 너무나 기대된다. 5년 전 나는 30대 중반에 시집도 못 가고, 직장도 없는 백수에 불과했다. 부모님께 늘 미운 오리 새끼 같았던 나는, 반대하시는 네트워크 사업에까지 뛰어들어 늘 부모님의 걱정

거리였다. 회사를 그만두고 뭐 하고 살아야 하나 하루하루가 두렵고 막막하기만 했던 내가, 지금은 작가가 되어 글을 쓰고 있다니 너무나 감격스럽다.

만약 내가 시도조차 안 했다면 오늘의 나는 이 자리에 없었을 것이다. 나는 앞으로도 많은 사람들에게 도움이 되는 삶을 살고 싶다. 나의 지식과 노하우를 공유하며 내가 겪었던 시행착오들을 그들은 겪지 않게, 적게 겪게 도와주고 싶다. 지금보다 더 많은 파트너들과 시간적 경제적 자유를 누리며 마음이 행복한 삶을 살고 싶다. 그리고 계속해서 세상에 내 목소리를 내며 작가로서 강연가로서의 삶도 살아갈 것이다. 더 이상 은퇴 이후의 삶을 기다리며 살지 않아야 한다. 지금 당장 자신의 인생을 바꿀 수 있는 일이 무엇인지 끊임없이 연구하고 생각하길 바란다. 5년 후 "너는 그때 뭐 했어?"라는 말을 듣지 않도록 오늘 당장 5년 후를 멋지게 선택하는 삶을 살자.